VIVENDO COMO UM ESPIÃO

VIVENDO COMO UM ESPIÃO

Verdadeiros agentes da CIA revelam
como se mantêm seguros em um mundo perigoso
e como você também pode

JASON HANSON

ALTA BOOKS
GRUPO EDITORIAL
Rio de Janeiro, 2022

Vivendo com um Espião

ISBN: 978-85-5081-505-3

Impresso no Brasil – 1ª Edição, 2022 – Edição revisada conforme o Acordo Ortográfico da Língua Portuguesa de 2009.

Dados Internacionais de Catalogação na Publicação (CIP) de acordo com ISBD

H251v Hanson, Jason

Vivendo como um espião: verdadeiros agentes da CIA revelam como se mantêm seguros em um mundo perigoso e como você também pode / Jason Hanson ; traduzido por Eveline Machado. – Rio de Janeiro : Alta Books, 2022.
256 p. ; 16cm x 23cm.

Tradução de: Survive Like Spy
ISBN: 978-85-508-1505-3

1. Espiões – Estados Unidos. 2. Sobrevivência. 3. Habilidades para vida. I. Machado, Eveline. II. Título.

2022-716 CDD 327.1273
CDU 351.746.1

Elaborado por Odilio Hilario Moreira Junior - CRB-8/9949

Índice para catálogo sistemático:
1. CIA : Agência de inteligência 327.1273
2. Polícia secreta 351.746.1

Produção Editorial
Editora Alta Books

Diretor Editorial
Anderson Vieira
anderson.vieira@altabooks.com.br

Editor
José Ruggeri
j.ruggeri@altabooks.com.br

Gerência Comercial
Claudio Lima
claudio@altabooks.com.br

Gerência Marketing
Andréa Guatiello
marketing@altabooks.com.br

Coordenação Comercial
Thiago Biaggi

Coordenação de Eventos
Viviane Paiva
comercial@altabooks.com.br

Coordenação ADM/Finc.
Solange Souza

Direitos Autorais
Raquel Porto
rights@altabooks.com.br

Produtor da Obra
Illysabelle Trajano

Produtores Editoriais
Maria de Lourdes Borges
Paulo Gomes
Thales Silva
Thiê Alves

Equipe Comercial
Adriana Baricelli
Daiana Costa
Fillipe Amorim
Heber Garcia
Kaique Luiz
Maira Conceição

Equipe Editorial
Beatriz de Assis
Brenda Rodrigues
Caroline David
Gabriela Paiva
Henrique Waldez
Marcelli Ferreira
Mariana Portugal

Marketing Editorial
Jessica Nogueira
Livia Carvalho
Marcelo Santos
Pedro Guimarães
Thiago Brito

Atuaram na edição desta obra:

Tradução
Eveline Vieira Machado

Copidesque
Ana Gabriela Dutra

Revisão Gramatical
Hellen Suzuki
Thamiris Leiroza

Diagramação
Lucia Quaresma

Editora **afiliada à:** ABDR – Associação Brasileira de Direitos Reprográficos

ASSOCIADO CBL Câmara Brasileira do Livro

ALTA BOOKS
GRUPO EDITORIAL

Rua Viúva Cláudio, 291 – Bairro Industrial do Jacaré
CEP: 20.970-031 – Rio de Janeiro (RJ)
Tels.: (21) 3278-8069 / 3278-8419
www.altabooks.com.br – altabooks@altabooks.com.br
Ouvidoria: ouvidoria@altabooks.com.br

DEDICATÓRIA

Este livro é dedicado à minha esposa Amanda e aos nossos filhos.
(Não citarei os nomes das crianças porque
não tenho certeza sobre quais manteremos.)

AGRADECIMENTOS

Sou grato aos companheiros da CIA que contribuíram com suas histórias neste livro. Nossa nação é abençoada por seu serviço e disposição de arriscar suas vidas por nosso país.

SOBRE O AUTOR

Jason Hanson é ex-agente da CIA e especialista em segurança. Sua empresa Spy Escape & Evasion treinou milhares de norte-americanos em habilidades críticas de segurança e sobrevivência. Jason é um convidado regular na mídia e apareceu em programas como *Today Show, Dateline, Rachael Ray, Shark Tank, Fox & Friends* e outros. Também publicou o livro *Agente de Influência* e é autor best-seller do *New York Times*. Mora em Cedar City, Utah, com sua família.

SUMÁRIO

INTRODUÇÃO

Bem-vindo ao Mundo Real dos Agentes da CIA

No mundo que estou prestes a lhe mostrar, tudo pode parecer bem normal... *a princípio.*

Em um restaurante francês requintado em uma grande cidade, dois tipos acadêmicos compartilham uma refeição refinada e uma garrafa de vinho cara. Eles vestem ternos bonitos e parecem educados e sofisticados. Podem estar falando sobre sua pesquisa ou comemorando uma promoção.

Em um dia quente e abafado em uma cidade no sul da Ásia, um turista norte-americano posa casualmente na frente de um chafariz enquanto o motorista do táxi tira algumas fotos rápidas. O turista volta para o carro e, paciente no calor, espera que o trânsito melhore, como qualquer outra pessoa.

Não há nada fora do normal nos dois cenários descritos: dois professores compartilhando uma refeição e um turista posando para uma foto. Há chances de que, se você estivesse passando, não notaria nada estranho nos dois casos. Mas, no mundo real dos espiões, as coisas nem sempre são o que parecem. Se você fosse treinado na arte da espionagem, poderia perceber alguns detalhes curiosos. Por exemplo, é um pouco estranho que o turista saia do táxi para posar para uma foto no meio do congestionamento, ainda mais porque não existe nada fora do comum no chafariz. O que é mais interessante é o prédio atrás dele. Se observasse com mais atenção, veria que está sob a proteção de guardas bem armados.

Há algo diferente nos dois acadêmicos também. Se você estivesse sentado no parque a alguns quarteirões do restaurante, teria notado um deles andando em direção ao seu destino. Se estivesse prestando atenção, teria visto ele diminuir um pouco o passo quando passou por um banco em particular. É pouco provável que você tenha percebido isso porque ele foi bem treinado, mas examinou rapidamente a lateral do banco procurando um alfinete. Não havia nada, o que significava que o encontro com seu *agente* ainda estava marcado, e ele seguiu para o restaurante.

Em meu livro *Spy Secrets That Can Save Your Life* ["Segredos de Espião que Podem Salvar a Sua Vida", em tradução livre], mostrei como as táticas simples que aprendi como agente da CIA poderiam ajudar pessoas comuns a terem mais segurança e protegerem mais suas vidas.

Desta vez vamos nos aprofundar no mundo da espionagem. Sou abençoado por ter uma excelente equipe de ex-agentes da CIA (não há mais ninguém que eu queira ao meu lado durante uma operação), e esses homens e mulheres com incrível coragem trabalharam em missões perigosas por todo o mundo; temos com eles uma grande dívida de gratidão. As histórias que você verá são tão emocionantes quanto qualquer outra lida em um romance de espionagem, mas não só isso. Também verá como os agentes da CIA usam suas habilidades e instintos aguçados para sobreviverem a tudo, desde operações clandestinas em países hostis até bombardeios em zonas de guerra brutais. Esses indivíduos altamente treinados arriscaram tudo para garantir a segurança dos EUA. Eles recrutaram espiões, extraíram segredos de nossos inimigos e conseguiram fugir da polícia estrangeira. E agora aprenderemos como as mesmas táticas que foram usadas em campo por agentes secretos reais podem nos ajudar a garantir nossa segurança e a de nossa família. Você aprenderá habilidades empolgantes e que salvam vidas, tais como:

- Como sobreviver a um sequestro.
- Como aumentar as chances de sobreviver a um ataque DEI (dispositivo explosivo improvisado).
- Como pontos de disfarce e abrigos podem impedir que um terrorista (ou criminoso) o siga até em casa.
- O que significa atribuir tarefas e como fazer com que alguém as aceite.
- O principal modo de lidar com uma pessoa ameaçadora.
- Como usar uma RDV (rota de detecção de vigilância) como um profissional, para garantir sua segurança e de sua família.
- Como improvisar uma arma usando itens comuns e baratos que você já tem em casa.
- Os itens essenciais que você precisa ter quando viaja nesses tempos de terrorismo.
- Como criar sinais de comunicação secreta para proteger sua família.

COMO ESCREVI ESTE LIVRO

Como mencionei, sou muito grato pelos homens e mulheres da CIA e assegurei a todos eles que protegeria sua privacidade. Como se pode imaginar, privacidade é de suma importância para aqueles que trabalham na área da inteligência. Por isso todos os nomes e detalhes de identificação foram modificados, e as histórias foram editadas para terem clareza e garantir que seriam entendidas pelas pessoas que não trabalham na área. Em alguns casos, datas e/ou locais foram alterados. Novamente, as mudanças foram essenciais para garantir a privacidade de todos que colaboraram com este livro.

MINHA MISSÃO: UMA VIDA MAIS SEGURA, FELIZ E BEM-SUCEDIDA

Minha missão com tudo que faço é continuar encontrando novos modos de ajudá-lo a viver com mais segurança, felicidade e êxito. É por isso que escrevi este livro e abri a empresa de treinamento Spy Escape & Evasion, que salvou muitas vidas e compartilhou os segredos dos espiões com dezenas de milhares de pessoas (www.SpyEscape.com — conteúdo em inglês).

Espero que esta leitura o entretenha, mas também o ajude a se sentir empoderado e mais preparado. Se você mora na zona rural, subúrbio ou perto de uma área metropolitana maior, desejo que continue a aproveitar a vida e possa seguir em frente com seu trabalho, lazer e planos de viagem, mesmo com o mundo cada vez mais complicado e perigoso. Sinto-me honrado por auxiliá-lo a aumentar seu arsenal de habilidades e me comprometo a ajudá-lo a se sentir mais confiante em sua capacidade de manter a sua segurança e a de sua família em qualquer situação.

CAPÍTULO UM

ALMA DE ESPIÃO

Você Tem o que É Preciso para Ser um Espião?

COMO FUNCIONA O CICLO

Imagine o seguinte cenário:

Você e sua esposa são convidados para jantar na casa do vizinho. Se forem bem honestos, não estão empolgados com o convite. Talvez ficaram acordados até tarde com as crianças ou têm um grande projeto no trabalho dentro de poucos dias. Parece que estiveram em jantares como esse milhares de vezes. Você passa a noite conversando com outros convidados sobre assuntos comuns, como quais esportes as crianças praticam ou os planos para as próximas férias. Então conhece SEBASTIAN,[1] novo na área. É amistoso e divertido conversar com ele, e está fascinado ao saber que você é pesquisador na "Empresa X". Acaba que ele é consultor na "Empresa Y". Vocês conversam um pouco sobre o que fazem e ele está muito familiarizado com sua área de especialização. Você fica impressionado com sua

1 Em documentos oficiais ligados à espionagem, os pseudônimos sempre são escritos com letras maiúsculas.

inteligência, e é animador encontrar alguém interessado em seu trabalho. Ele sugere marcar um almoço para conversarem mais, e você concorda feliz. SEBASTIAN sugere um lugar fantástico, onde você sempre quis ir, mas não cabia no orçamento. Vocês conversam um pouco sobre seu trabalho; ele faz perguntas interessantes e parece estar sinceramente curioso sobre o que você faz, sobretudo em relação à sua função no Projeto Y. A conversa flui e você descobre que são jogadores de tênis assíduos. Ele pergunta se você é membro do Clube de Tênis X. Você confessa que nunca foi, não consegue pagar as mensalidades, o financiamento da casa e economizar para a faculdade dos filhos. SEBASTIAN diz que ficaria contente em levá-lo como convidado. Vocês marcam um dia para jogar tênis e ele insiste em pagar a conta.

Mais tarde naquela semana no trabalho, há um novo progresso no Projeto Y e você lembra que SEBASTIAN ficou curioso sobre isso. Ele foi um ótimo cara até o momento, pagando o almoço e oferecendo-se para levá-lo ao clube, portanto você decide telefonar e contar sobre o projeto. Você fica feliz por ligar, porque ele parece muito contente com as informações, e é bom se sentir útil. A relação continua e vocês se tornam melhores amigos. Sua companhia é agradável; é divertido quando jogam tênis, e ele está sempre pronto para uma boa refeição. Você também gosta do interesse dele por seu trabalho e começa a deixá-lo a par das coisas. Acontece que as informações que você tem o ajudam tanto que ele lhe dá uma pequena taxa de consultoria. É confortante ter dinheiro extra e economizar para a faculdade dos filhos.

Quando há uma mudança maior no Projeto Y e você o informa sobre isso, de repente sua taxa dobra. Agora pode economizar para a faculdade e *também* arcar com o clube de tênis do qual sempre quis ser sócio. Sua esposa está empolgada, e o dinheiro extra é muitíssimo útil. Isso continua por um tempo e mesmo que você adore o dinheiro a mais e goste da companhia de SEBASTIAN, há momentos em que imagina se deve dar a ele tais informações; o que ele faz com elas? Mas realmente não quer abrir mão do dinheiro, sobretudo agora que sua esposa começou a reforma da cozinha. SEBASTIAN tem sido um bom amigo e já sabe tanto sobre Y, certamente não importa se você está lhe passando um pouco mais de informação. Isso não fará mal a ninguém, certo?

Se acha que tudo parece bom demais para ser verdade, ou seja, a amizade, o dinheiro, o clube de tênis, você está certo. SEBASTIAN teve habilidade para descobrir alguém com acesso, identificou suas vulnerabilidades, ganhou confiança e recrutou essa pessoa para ser uma espiã.

ESPIÕES SÃO OS MELHORES VENDEDORES NO MUNDO

O que um espião realmente faz? Eles recrutam pessoas com informações que o Governo dos EUA acha ser úteis para a segurança da nação. Os EUA podem descobrir que um governo estrangeiro está desenvolvendo uma arma perigosa e precisam saber mais sobre ela para manter os cidadãos seguros. Ou talvez suspeitem que uma célula terrorista está planejando colocar em risco os norte-americanos. Nesse caso, pode ser necessário se infiltrar em outro país para coletar informações no local e impedir a ameaça.

Ou como um ex-agente secreto que trabalhou por muitos anos como agente diz: *"Somos vendedores. Só vendemos um produto diferente, e esse produto é a traição."*

Como se pode imaginar, a traição não é um produto fácil de vender. Os agentes são altamente treinados na arte de recrutar ativos HUMINT clandestinos. HUMINT é simplesmente qualquer informação que possa ser coletada de fontes humanas. Os agentes recrutam pessoas que moram ou trabalham em outro país para serem espiões para o Governo dos EUA. O ciclo que tais agentes sempre usam segue esta progressão: identificar, avaliar os recrutas em potencial, ganhar confiança e recrutar. Assim que o indivíduo é recrutado, ele é nomeado oficialmente e trabalha com o agente para dar informações aos EUA em troca de alguma compensação. Se pensa que ser agente se parece muito com ser espião, está certo. Embora "agente" seja o termo oficial usado em espionagem, a conclusão é que é apenas um termo mais técnico para "espião". Assim, o agente da CIA e a pessoa recrutada são espiões.

IDENTIFICAÇÃO: QUEM VOCÊ ESTÁ PROCURANDO?

Como exatamente uma pessoa comum acaba traindo sua pátria e espionando para os EUA? Quem estamos procurando? Essa pessoa tem habilidades em particular? Se você acha que os EUA procuram alguém que seja ótimo com arma de fogo ou pode participar de uma perseguição de carro, está enganado. O agente certo terá poucas qualidades essenciais, mas a principal procurada é uma pessoa com *acesso*. O espião em potencial deve ter ligação com alguém que tenha informações que o Governo dos EUA não consegue obter sozinho. Sem acesso, não adianta. Como verá em breve, acadêmicos e pesquisadores geralmente têm informações muito valiosas sobre produtos químicos, armas, programas de computador e sistemas de criptografia que diferentes países almejam. Nesse caso, essas pessoas têm acesso a informações valiosas. Uma pessoa também pode ser conveniente porque tem acesso à tecnologia. Também é possível que um agente recrute alguém porque tem relações com pessoas do alto escalão. Podem ser amigos íntimos de um diplomata ou de alguém que trabalhe nas Forças Armadas.

Pessoas que podem viajar livremente para um país "hostil" também podem ter acesso. Podem passar um tempo em um país no qual os EUA não conseguem explorar com facilidade, pegar informações e levar de volta.

AVALIANDO UM RECRUTA

Um agente encontrou alguém com excelente acesso a figuras importantes com informações que os EUA desejam. É um ótimo começo, mas não é o bastante. Qualquer recruta em potencial deve ser avaliado antes de o ciclo seguir em frente. Deve ser constatado que a pessoa avaliada não está sob vigilância e não trabalha para a contraespionagem de seu próprio país. Os recrutas em potencial que são considerados de mais alto risco são aqueles que desertam, que aparecem na embaixada norte-americana se oferecendo para dar informações em troca de asilo nos EUA. Outras precauções devem ser tomadas para assegurar que essa pessoa não foi enviada por seu próprio país fingindo querer asilo.

Outros riscos também precisam ser eliminados; por exemplo, a pessoa consegue lidar com os desafios do trabalho? Ela conseguirá lidar com o treinamento? Será capaz de dominar a espionagem básica, como sinalização, *brush passes* e ocultação de itens? Na melhor das hipóteses, qualquer agente recrutado será sensato e calmo. Obviamente, a espionagem é perigosa e pode ter grandes consequências, desde um tempo na prisão até a execução. Se o agente é sensato e fácil de lidar, há melhores chances de não ser pego. Infelizmente, pessoas racionais nem sempre são as que decidem se tornar espiãs. Às vezes, problemas de dinheiro, vingança e raiva são motivos para uma pessoa decidir espionar para os EUA. Alguém com essa motivação pode ser menos confiável e mais difícil de lidar, portanto é muito provável que seja pego.

GANHANDO CONFIANÇA E RECRUTANDO

Nas histórias a seguir, detalharemos o ciclo de confiança e recrutamento. Quando um agente desenvolve um ativo, ele faz tudo ao seu alcance para ter uma boa relação e preparar um cenário no qual a pessoa se sinta confortável ao compartilhar segredos. Como um de meus companheiros da CIA gosta de dizer: "Sei que estou aperfeiçoando alguém corretamente quando a pessoa sente que sou a única pessoa no mundo que realmente a entende, e é quando ela está pronta para ser oficialmente recrutada." Assim que um agente é recrutado, ele se torna um verdadeiro espião para o Governo dos EUA, e é quando os grandes desafios (diversão e entusiasmo) realmente começam.

UM DOS MOTIVOS MAIS COMUNS PARA AS PESSOAS CONCORDAREM EM VENDER OS SEGREDOS DE SEU PAÍS PARA OS EUA

Há muitos motivos para uma pessoa decidir vender os segredos de seu país para os EUA. Dinheiro é um motivo óbvio. Ter grandes dívidas ou não ter dinheiro suficiente para viver pode colocar as pessoas em uma situação de desespero. Algumas buscam adicionar emoção às suas vidas ou compartilham uma forte filosofia pessoal com os EUA. Também é possível que esperem conseguir um visto para os EUA para elas mesmas ou sua família. Mas, se você pergunta a muitos espiões qual é o principal motivo, a resposta poderá surpreendê-lo: Educação. Um dos pontos mais atraentes para colocar alguém no jogo da espionagem é a promessa de uma educação de qualidade financiada para o filho de um recruta nas melhores faculdades ou universidades norte-americanas.

ELEMENTOS DA ALMA DE ESPIÃO

Quando se vive no mundo avesso da espionagem, você nunca o larga. É uma mentalidade, um duplo padrão de existência.

— John le Carré

Graças a Hollywood, é fácil supor que espionagem significa sobreviver em territórios inimigos ou escapar de situações potencialmente mortais, como um tiroteio, ou até saltar de um helicóptero. A imagem que Hollywood pinta sugere que ser um bom espião se resume a ter força física e anos de treinamento especial. Claro, os agentes secretos são pessoas altamente treinadas que provavelmente são mais capazes de se defender (ou outro alguém) do que qualquer outra no mundo. Mas, quanto à espionagem, sua capacidade de sobreviver a uma luta com facas ou escapar de um sequestrador estrangeiro é apenas uma pequena parte do pacote. Os agentes secretos possuem algo que chamo de "alma de espião". Tal alma é uma combinação complexa de traços que permite a um espião ganhar a confiança de um ativo em potencial e recrutar indivíduos para compartilhar os segredos de seu país, e saber como sobreviver nas situações mais extremas e perigosas imaginadas. Embora todos os agentes secretos tenham toques especiais que colocam em suas habilidades, na essência compartilham a "alma de espião" como uma base central.

TRAÇO DE ESPIÃO Nº 1: MENTALIDADE CERTA

MAX: Nenhum treinamento importa se não tenho a atitude mental correta. Mesmo que tenhamos o melhor treinamento possível, nada realmente importa se você não tem a mentalidade certa. Os espiões precisam ter muita fé para fazer o que fazem. Não me refiro ao tipo de fé religiosa, embora ache que poderia ajudar. Primeiro, é preciso ter uma fé absoluta na missão que será realizada. Trabalhei em muitos "alvos difíceis" [alvo difícil é uma operação que alguém tentou antes, mas falhou] durante minha carreira e fiz coisas que, à primeira vista, poderiam parecer assustadoras. Trabalhei em operações em que capturei grandes narcoterroristas... tive que arrombar quartos de hotel. Nunca se sabe o que será preciso fazer, mas pode ser radical, e, se você não tem fé na missão real e no motivo dela, não conseguirá. Se invado o quarto de hotel de um cara para pegar algo, preciso estar convencido de que estou fazendo isso para um bem maior e que a causa vale a pena. Se não sinto isso, posso não me empenhar 100%, o que é um fator para uma missão fracassada. Se acreditar na causa fundamental, farei o possível para terminar o serviço.

Se acreditar na causa fundamental, farei o possível para terminar o serviço.

E sei por experiência que pode ser qualquer coisa.

Fé em Si e em Sua Capacidade

Segundo, é preciso ter muita fé em si mesmo. As coisas nem sempre são simples; você não pode planejar tudo com antecedência. Óbvio que o planejamento é essencial, mas não é possível planejar cada consequência, como portas trancadas ou cercas indesejadas. É preciso ter fé de que descobrirá o que fazer, não importa o que aconteça. Às vezes, é difícil fazer com que as pessoas envolvidas nas operações entendam isso. Quando tenho a mentalidade certa, sei no fundo do meu ser que nada me impedirá. Certa vez me envolvi em uma operação em que precisei arrombar um apartamento em uma cidade no exterior. Tinha que ser feito com delicadeza; eu não podia invadir e pegar o que precisávamos. Precisei entrar e sair sem que ninguém soubesse que estive lá. Sabia que era capaz, mas durante os planejamentos eu não sabia como.

Há muitos modos diferentes de lidar com esse tipo de obstáculo. É possível invadir pela porta da frente ou janela. Também é possível subornar alguém que tem a chave para me deixar entrar ou fazer uma cópia. Talvez convencer alguém a me deixar entrar. Não tinha dúvidas de que poderia ser feito. Mas as pessoas que planejam a operação nem sempre ficam confortáveis com esse nível de incógnita. Demorei para me convencer de que, embora não tivesse um plano, conseguiria fazer o serviço assim que estivesse no local. É sobre esse nível de fé que estou falando: fé de que, independentemente do que aconteça, você sempre estará pronto para lidar de um modo ou de outro.

TRAÇO DE ESPIÃO Nº 2: OS ESPIÕES TÊM EMPATIA

ALEX: Sou bom no que faço porque uso uma combinação de experiência das ruas, bondade e empatia; é quase o oposto de como fui ensinado a fazer na Fazenda. Pode parecer estranho dizer que a empatia desempenha um papel na espionagem. Afinal, todos sabemos que, muitas vezes, encontramos pessoas que precisamos recrutar ao usar disfarces e fingir ser alguém que não somos. Também admito que quando recruto alguém faço ativamente tudo o que posso para explorar suas vulnerabilidades. Assim que toco nesse ponto, faço de tudo para explorá-lo; funciona mesmo. Se recruto alguém que se mostra inseguro sobre sua carreira, provavelmente lhe direi como estou impressionado pelo que a pessoa faz. Então, faço muitas perguntas sobre seu trabalho, mostrando meu interesse. Presto atenção a cada palavra, demonstrando que estou ansioso para ouvir mais. Também sei que nada disso funcionaria se eu não me importasse com a pessoa que tento recrutar (e a propósito, ninguém é forçado nem ameaçado a espionar para o Governo dos EUA). A relação entre os agentes, embora incomum, é algo que você desenvolve lentamente com o tempo até que se crie uma ligação verdadeira. Qualquer espião recrutado perceberá se um agente não se importa com ele ou com sua segurança. Ele também saberá se você estiver apenas querendo obter informações e depois descartá-lo. É sedução pela sedução, e não funciona. Todo recrutado é uma pessoa, e cada um tem muitas qualidades maravilhosas... e, sim, isso inclui o acesso a informações, mas ele contribui muito para o nosso país. Nunca se esqueça disso.

TRAÇO DE ESPIÃO Nº 3: NÃO IMPORTA O QUE VOCÊ VÊ, NÃO DEMONSTRE MEDO

MICHELLE: Viajei o mundo inteiro... estive no Congo, Nova Deli, Katmandu e Irã, para citar alguns. Logo aprendi que é preciso prestar atenção a tudo à sua volta; e, não importa o que se vê, não demonstre medo. Conhecimento é poder, e tive que aprender isso para ser realmente boa no meu trabalho. Tento saber mais sobre o inimigo do que ele sabe sobre mim. É o único modo de ter êxito. Todo dia você trabalha para aprender algo novo, e isso ajuda a crescer como agente. Houve muitas situações em que senti medo. Respirei fundo e disse a mim mesma para não pensar no que faria dentro de uma hora, mas prestar atenção ao que estava fazendo no momento. Enfim, embora tenha me adaptado ao medo quando estava trabalhando para a CIA, a verdade é que não é muito diferente do medo que senti na escola ou na faculdade. Aquelas vezes em que se faz algo bobo, como ficar fora até tarde e perceber que não tem como chegar em casa e não tem dinheiro. Você sente medo, mas arranja uma solução e aprende a lição. Nunca comete o erro de novo, ou aprende a ter um plano B. A espionagem não é muito diferente: você aceita o medo nas situações e assume o controle. Aceita o medo e até aprende a admiti-lo. Também aprendi a aceitar que, até certo ponto, não tenho controle. Obviamente fiz um treinamento, tive minhas experiências e havia planos, mas assim que você aceita que há coisas que não pode controlar, ajuda. Cresci em uma área montanhosa e acho que isso me ensinou algo. Acordava cedo, olhava pela janela e pensava: "Essas montanhas parecem furiosas hoje." Era simples, muito mesmo; as montanhas tinham esse poder. Eu não tinha o controle. Nunca me esqueci disso.

TRAÇO DE ESPIÃO Nº 4: OS ESPIÕES SÃO SOCIÁVEIS

SARAH: As operações clandestinas não são para os fracos ou os otimistas. É preciso pensar no que pode dar errado e saber que há uma boa chance de que será assim. Tais operações requerem pragmatismo, uma determinação inabalável e uma boa dose de ego. Um agente secreto que procura recrutar espiões estrangeiros que compartilham segredos de seu país com os EUA terá reuniões agradáveis com outras pessoas, em ambientes muito diferentes. Um agentes secreto pode encontrar um possível recruta em um café frequentado pelos habitantes locais, em uma universidade ou até em um jantar na casa de um diplomata. Isso significa ter bastante confiança para conversar com uma pessoa que pode estar envolvida com alguns dos elementos mais obscuros do seu país, assim como pessoas muito ricas e poderosas, em um evento social. Como os espiões são enviados para recrutar outras pessoas e convencê-las a compartilhar segredos de

Estado por um período de tempo, é preciso ser agradável de imediato. Os outros precisam estar confortáveis ao conversar com ele e sentir uma capacidade inata de confiança.

Você Deve Jogar em Equipe

A espionagem é uma atividade que precisa de pessoas.

Você também precisa jogar em equipe. A espionagem é uma atividade que necessita de pessoas. Todos com quem você trabalha — ou seja, o diretor de operações, os analistas, as pessoas criando materiais — fazem parte de uma equipe, e cada membro contribui com suas habilidades únicas e expertise. É de suma importância se lembrar disso. Nunca é um indivíduo só o responsável pelo resultado da operação.

TRAÇO DE ESPIÃO Nº 5: OS ESPIÕES ENTENDEM QUE MANIPULAR AS PESSOAS FAZ PARTE DO SEU TRABALHO

CORMAC: Alguns colegas no mundo da CIA preferem pensar: "Os espiões são persuasivos", mas não é bem assim. Eles precisam ser manipuladores, e isso é diferente. A capacidade de manipular uma pessoa, levá-la a fazer o que você quer enquanto ela acha que está fazendo o que deseja, faz a diferença entre sucesso e fracasso. Acho que vai além de vender algo para a pessoa; é fazê-la aceitar e querer o que você está vendendo. Claro, há meios de fazer isso oficialmente, é tudo escrito e codificado, e existem orientações sobre como fazê-lo, mas você não pode recrutar alguém sem entrar em sua mente e descobrir o que a faz funcionar. Tem que enganá-lo e manipulá-lo. Quando ganho a confiança de uma pessoa, sempre digo que a pagarei, digamos, por canções de ninar. Não importa o que ela me dá. Quero controlar. Portanto, se ela me aborda com canções de ninar, dou dinheiro. Agora ela se sente confortável com os US$100 extras por semana. Provavelmente é um funcionário subalterno em uma embaixada, e o dinheiro ajuda. Então começo a fazer perguntas sobre canções de ninar, e, por fim, esse dinheiro passa de US$100 para US$1.000. Depois a pessoa começa a ficar à vontade para me contar sobre algumas coisas medianas; ela está quase lá. Logo, só preciso que justifique o próprio comportamento em sua mente, e, como estou no controle, darei essa justificativa. Agora ela está confortável, desfrutando dos benefícios e gostando do risco também. O risco pode ser uma grande motivação.

TRAÇO DE ESPIÃO Nº 6: OS ESPIÕES SÃO FLEXÍVEIS E ESTÃO PRONTOS PARA QUALQUER COISA

SAM: Lembro quando fiz meu primeiro treinamento. De certo modo achei que haveria um plano de fuga superlegal para me tirar dali se as coisas dessem errado. Logo aprendi que, se algo corresse muito mal, havia dois modos de fugir: tentar dar uma desculpa para se safar ou se mandar. Muitas vezes somos enviados para longe, em geral para países hostis. Como se pode imaginar, esgota emocional e fisicamente. Mas não importa nossa exaustão, sempre temos que estar preparados para tomar uma decisão rápida em relação à nossa própria segurança ou ao sucesso da missão atual. Embora tenhamos um treinamento excelente, há situações para as quais simplesmente não conseguimos nos preparar, e é preciso estar pronto para encarar coisas inesperadas que requerem uma tomada de decisão em uma fração de segundo. E muitas vezes "dar uma desculpa" para se safar ou "se mandar" é a única opção. Posso tentar manipular o que está acontecendo para poder sair de uma situação complicada ou, às vezes, não tenho escolha, exceto "ficar fora do X" imediatamente como puder. Normalmente não temos tempo nem oportunidade para discutir opções com outra pessoa. Um espião deve decidir seu melhor curso de ação e executá-lo imediatamente, muitas vezes sozinho. Também tenho que estar pronto para me adaptar a qualquer cultura. Pode ser difícil para mim porque realmente me destaco em muitos países. Mas não importa, tenho que estar pronto para passar despercebido e sobreviver em qualquer cultura de qualquer lugar para onde sou enviado.

AS REGRAS DE MOSCOU

ALEX muitas vezes descreve o trabalho como "exigência de bom senso elevada ao cubo". As Regras de Moscou são um ótimo exemplo. Elas foram desenvolvidas ao longo de muitos anos e instruíram agentes secretos norte-americanos na União Soviética sobre como interagir com a KGB. Reza a lenda que essas regras nunca foram colocadas no papel. Elas se desenvolveram com o tempo e todos entendem que era preciso segui-las ao pé da letra se alguém quisesse sobreviver nas ruas de Moscou, considerado o ambiente mais difícil de operar. A lista original continha 40 regras, mas as 10 mostradas a seguir são as que MAIS IMPORTAM:

1. Não suponha nada.
2. Sempre siga seus instintos.
3. Possivelmente todos estão sob o controle do inimigo.
4. Não olhe para trás; você nunca está totalmente sozinho.
5. Siga o fluxo, adapte-se.
6. Varie seu padrão e mantenha seu disfarce.

7. Faça-os baixar a guarda com complacência.
8. Não perturbe o inimigo.
9. Escolha a hora e o lugar para a ação.
10. Deixe suas opções abertas.

ESPIÕES REAIS EM AÇÃO

Agora que entende melhor o que os agentes secretos fazem para recrutar espiões em territórios estrangeiros em nome da segurança dos EUA... você os verá em ação. As próximas histórias nos levarão ao mundo inteiro, onde qualquer coisa pode acontecer. Essas pessoas são as melhores em sua área de atuação e usam a espionagem para fazer o serviço certo. Um espião nunca sabe quais habilidades uma operação pode requerer e precisa estar pronto para usar tudo em seu arsenal, sem margem para erros. Isso significa estar sempre pronto para efetuar uma rota de detecção de vigilância por cinco horas, usar sinais secretos para se comunicar com um recruta, extrair informações de alguém e estar pronto para responder perguntas quando está infiltrado. Como verá, estas pessoas farão o que for necessário para ficarem vivas.

CAPÍTULO DOIS

QUANDO UMA MISSÃO SE TORNA DUAS

Uso de Pontos de Disfarce, Abrigos e Esconderijos Secretos para Espionar uma Célula Terrorista

MISSÃO: Captar todo sinal eletrônico emitido pelo "alvo". Ao utilizar essas amostras de comunicação coletadas, os engenheiros determinarão qual tipo de sinal está sendo usado. Quando reveladas, as comunicações serão descriptografadas e transmitidas para determinar a natureza de uma ameaça terrorista iminente aos EUA.

PARTICIPANTES: Agente e NARRADOR Benjamin Morris, de agora em diante referido como SAM.

Agente Christopher Davis, agora referido como MAX.

A princípio, achei que a missão parecia bem simples. Havia informação consistente sugerindo que o governo de um país no sul da Ásia financiava uma célula terrorista e que um ataque contra os EUA estava em curso. O plano era me inserir no país, com meu parceiro MAX, como dois empresários que buscavam "expandir na área". Ficaríamos em um apartamento localizado estrategicamente perto da célula terrorista para que pudéssemos interceptar todas suas comunicações e, assim, fazer uma melhor análise. Mas eu tinha experiência suficiente para saber que não era só aquilo.

A HISTÓRIA REAL

Anos na função me ensinaram que geralmente há uma história secundária importante, que precisa ser analisada com cuidado. Minhas habilidades para resolver problemas entram em cena durante os primeiros estágios da missão.

A missão, e o que os agentes de operações clandestinas (agentes encarregados pelas operações secretas) devem fazer com um "alvo difícil", tem muitas informações — números de tarefas, alocações de custos, jurisdições, autoridades, homologações e aprovações prévias das autoridades do Alto Comando, até do Congresso e de embaixadores. Mas em todas essas informações estão ocultas as de contato do analista. É essa pessoa que sempre quero encontrar. O analista é o centro da questão; é o cara que sabe em primeira mão por que os EUA precisam de uma operação clandestina para lidar com uma ameaça específica. Meu trabalho não é fácil, e tudo que tenho são as informações do analista. Sou a pessoa que realmente tem que cumprir a missão. Tenho que entrar em um país estrangeiro, passar despercebido, ganhar acesso aos locais onde ninguém mais conseguiu entrar e, então, sair sem deixar vestígios.

PENSE COMO UM ESPIÃO:
A PESQUISA LHE DÁ UMA VANTAGEM

Os espiões sabem que uma pesquisa aprofundada os coloca um passo à frente no jogo. A pesquisa pode ser o segredo do sucesso, e acho que é assim para todos, não importando o objetivo final. Posso afirmar que quase todo meu sucesso na vida, na CIA ou agora no setor privado, é proveniente de uma profunda pesquisa e do trabalho pesado que a maioria das pessoas nunca fará. O fato é que uma pesquisa detalhada não apenas salvará a vida de um agente, mas também a sua própria vida regular.

UMA MISSÃO SE TORNA DUAS

Eu estava certo, a história não era tão simples. MAX e eu descobrimos algo muito interessante em nossa reunião com o analista. Seríamos enviados ao sul da Ásia para interceptar as comunicações entre o governo estrangeiro e uma célula terrorista, mas constatou-se que o Governo dos EUA visava um prêmio maior. O melhor alvo, aquele que forneceria grande parte das informações, era um prédio do governo estrangeiro muito protegido, bem no centro da cidade — *muito arriscado*. Os analistas sabiam que tal governo usava um escritório especial nesse prédio altamente protegido para transmitir instruções clandestinas, por meio de uma frequência de rádio disfarçada e uma criptografia multinível, para centros de operações da célula terrorista. Se tivéssemos uma foto do prédio mostrando exatamente para onde a antena secreta apontava, conseguiríamos interceptar as comunicações. Era o modo mais seguro de impedir um ataque nos EUA.

Mas o Ministério do Exterior estava preocupado com graves prejuízos às relações diplomáticas e internacionais se algo desse errado e fôssemos pegos. Assim, essa ideia foi abortada e um novo alvo foi escolhido.

"Arriscado demais" não eram palavras que pessoas como nós entendem; um grande risco só torna tudo mais interessante. Tivemos que nos disfarçar inúmeras vezes, fingindo ser desde vendedores a pesquisadores. Éramos ex-militares e trabalhávamos bem juntos. Estive na Aeronáutica e MAX, na Marinha, o que significava que realmente entendíamos a importância da segurança nacional além dos limites do trabalho. Porém também sabíamos que essa questão geralmente trazia problemas. Só de olhar para MAX eu sabia que estávamos pensando a mesma coisa. Como indicado na missão, teríamos supervisão, mas faríamos de tudo para capturar a informação daquele alvo original também; faríamos o melhor para encontrar a antena secreta naquele prédio do governo. O desafio era chegar ao alvo original sem sermos pegos, mortos ou trancafiados em uma prisão estrangeira para sempre. Sem mencionar perder nossos trabalhos por não cumprir ordens. Não sabíamos como seria feito, mas estávamos determinados a tentar. E foi assim que uma missão se tornou duas.

LOCAL SEGURO

Se arrisco a vida durante uma missão clandestina, preciso sempre saber exatamente para onde vou, pois sei que nunca terei tempo para olhar o GPS no smartphone (se houver um telefone). Se estou sendo perseguido, não quero virar a esquina e descobrir que há uma cerca na minha frente. Algo simples e bobo pode resultar na minha morte, posso ser capturado ou torturado em uma prisão estrangeira. É por isso que os espiões fazem uma visitinha à DMA (Defense Mapping Agency) durante os estágios de planejamento essenciais da operação. A DMA tem mapas reais e físicos de quase todos os lugares do planeta. Cada detalhe importa, e pessoas como eu precisam saber o modo mais rápido de entrar e sair de um lugar onde estão escondidas. Precisamos estar familiarizados com cada rua, rede elétrica e valeta. Uma elevação relativa e mudanças no tráfego local durante o dia são importantes também. Pegamos todas as informações detalhadas sobre as ruas e a topografia, e as comparamos com as fotos tiradas por satélites e voos de reconhecimento. Se houver um obstáculo, como um canteiro de obra ou até um monte de terra, não seremos surpreendidos.

PENSE COMO UM ESPIÃO: CONHEÇA A ÁREA

Sempre faça questão de se familiarizar com seus arredores: trabalho, casa, escola e para onde está viajando. Se houver um ataque terrorista ou desastre natural, é preciso conhecer rotas alternativas e saber quais caminhos evitar. Será necessário ter uma ideia de onde pode se esconder para ficar seguro ou buscar um abrigo. Estar familiarizado com os arredores também pode ajudá-lo a notar uma situação incomum, um sinal de que precisa estar atendo a um perigo em potencial. E mais, não se esqueça de ter um mapa físico da área local em casa e no carro, para o caso de precisar evacuar, o GPS não funcionar e não informá-lo sobre as estradas secundárias.

Todas essas informações nos ajudaram a descobrir o local perfeito para realizar a missão. Ficamos de olho em um apartamento no quinto andar na zona oeste do prédio com uma vista clara do nosso alvo. Esse local também nos deixava perto de um caminho discreto, para que pudéssemos entrar com nosso equipamento especial de operações bem debaixo do nariz da população local sem qualquer suspeita. Também teríamos opções de lugares na rota de entrada/saída para esconder alguns itens especiais, porque um espião nunca sabe quando terá que "esterilizar um caminho", ou seja, remover de propósito algo (todos os materiais e dispositivos usados na operação) que identificaria o envolvimento dos EUA na entrada ou na saída do esconderijo em uma operação secreta.

Mas as coisas nem sempre saem como o planejado, e os espiões nem sempre conseguem o que querem. O agente no país tentou alugar o apartamento. E adivinhe? Já estava alugado e ele não conseguiu cobrir o valor. A única opção foi conseguir um apartamento o mais próximo possível daquele.

QUEM NÃO TEM CÃO CAÇA COM GATO

Existe um ditado escrito do lado de fora da porta do meu DO (diretor de operações): "Quem não tem cão caça com gato." Isso descreve bem o que realmente acontece no mundo da espionagem. A espionagem é muito mais confusa e menos precisa do que se pode esperar. Não é possível contar com a ordem, precisão, segurança ou um plano confiável. Sempre enfrento situações que não acontecem como o esperado e, se quero ter êxito, a única coisa a fazer é seguir o ditado, ou seja, farei o que posso com o que tenho. Não é um mau conselho para a vida também.

O segundo apartamento criou um grande problema para nós. O primeiro local era tão ideal para usarmos nosso equipamento de espionagem clandestina que nos ocultaríamos apenas por simples cortinas. Não é exatamente uma tática de alto nível, mas agora tínhamos que descobrir como fazer isso sem nos expor. Por sorte, MAX sabia exatamente aonde ir para resolver o problema.

O EQUIPAMENTO OCULTO IDEAL:
O MUNDO REAL DE Q

Ao longo da história, os espiões têm usado dispositivos fascinantes. As Forças Especiais Britânicas criaram um tubo projetado para matar ao disparar um pequeno projétil a curta distância. O Serviço de Inteligência Romeno projetou um dispositivo de escuta que cabe no salto de um sapato, e a CIA criou óculos banhados em cianeto. Se um agente optasse por morrer para não ser torturado, tudo que tinha que fazer era lamber as hastes dos óculos, e fim do jogo. Às vezes, é um desafio em particular que dita o tipo de equipamento que o espião precisa, e, nesse caso, precisávamos de algo para nos ajudar a coletar informações de um local imperfeito sem levantar suspeitas.

A Central de Fabricação poderia ser descrita como "o mundo real de Q". Ela abriga uma coleção fascinante de especialistas: costureiras, carpinteiros, operários de oficinas, metalúrgicos e até marceneiros. Esses especialistas podem criar rapidamente itens que ajudam um espião a alcançar seu objetivo final... desde miniaturas de câmeras do tamanho de uma caneta tinteiro até passaportes falsos para que passem pela alfândega. Ou, como foi o caso dessa missão, o guarda-sol mais maluco do mundo.

Após estudar várias fotografias da área, MAX notou que era bem comum as pessoas terem um guarda-sol no terraço ou na sacada. Ele decidiu que esse guarda-sol seria o lugar perfeito para alojar secretamente uma antena para coletar ondas de rádio de banda larga. Além de parecer com os guarda-sóis de outras pessoas, ele teria uma bateria que seria carregada com energia local e um dispositivo de armazenamento na haste para manter todo o material coletado. Ele precisaria ser desmontável, pois não queríamos chamar a atenção andando e carregando um guarda-sol gigante. Também era preciso considerar as situações em que as coisas dão errado. E se estivesse ventando e o guarda-sol caísse? E se chovesse e os componentes elétricos ficassem molhados? Ele caberia na sacada? O que aconteceria se houvesse um pico de energia? Tudo foi considerado, e, após três dias, tínhamos a peça crítica do "equipamento disfarçado" em nossas mãos e estávamos prontos para a próxima fase da missão.

O DISFARCE

DATA, HORA E LOCAL: 25 de setembro de 19XX, 12h30, Rua XXX XXXXXX, Apt. XXXXX, XXXXX XXXXX.

Infelizmente, MAX ficou muito doente com gastroenterite em nosso longo voo para o sul da Ásia. Ele ficou tão mal que não conseguia nem sair do apartamento que alugamos, e eu tive que trazer suas refeições e remédios por uma semana. Isso significava que eu saía sempre para comprar comida, ir à farmácia para pegar remédios e passar em outras lojas para comprar coisas como cobertores e travesseiros. Sempre que entrava em uma loja, eu conversava com o dono. Fazia questão de falar sobre meu "sócio doente" e como tínhamos vindo para o lugar esperando "expandir os negócios". Os comerciantes locais foram prestativos, e eu fazia questão de elogiá-los por seu papel na melhora do meu amigo. Também fiz muitas perguntas sobre a área e aprendi sobre coisas que poderia fazer enquanto meu "sócio" se recuperava.

Se você suspeita que MAX não estava realmente doente, acertou. Era parte de um disfarce, e a "doença" era uma parte essencial de nossos preparativos. A história do colega doente significava que eu tinha um motivo para entrar e sair do apartamento, servindo a vários propósitos. As viagens repetidas me permitiram transportar muitos itens sem levantar suspeitas. Quem se preocuparia com um cara carregando sacolas de mercado? Também percebi que meu percurso era usado principalmente pelas crianças locais, com algumas pessoas andando a pé para ir às lojas. Era uma ótima notícia, pois significava que era uma passagem de pedestres ideal para um "ponto de entrega" — um movimento padrão na espionagem. É um método de troca de informações entre agentes. Um item (notas, ferramentas, livro de códigos) é inserido em um dispositivo de disfarce e então deixado em um local predeterminado para outra pessoa pegá-lo mais tarde.

Enquanto supostamente carregava sacolas de lanches e remédios, na verdade pegava estrategicamente os dispositivos de comunicação para o guarda-sol e um outro equipamento de espionagem fundamental para a missão. Esse truque continuou por alguns dias e me concedeu tempo para coletar e transportar todo o equipamento para o "local seguro" e, assim, preparar devidamente as operações. Assim que ficaram prontos, podíamos nos movimentar com relativa facilidade como dois empresários e iniciar o importante trabalho de obter a informação que poderia impedir um ataque terrorista devastador nos EUA.

Quando todo o equipamento ficou pronto, começamos a vigiar o local designado na missão. Todos acreditaram na história do empresário doente, e ninguém pensaria que o guarda-sol estava sendo usado para escutar a comunicação de uma célula terrorista. Enquanto eu estava fora "tratando de uns assuntos", MAX se sentava embaixo do guarda-sol "se recuperando" com uma xícara de chá e usava nosso receptor de rádio clandestino para coletar cada mensagem que o alvo enviava, 24 horas por dia. Estávamos quase cumprindo nossa missão e deveríamos encerrar tudo nos próximos dias. Mas nenhum de nós parou de pensar sobre o outro alvo... aquele que o governo considerava arriscado demais. O tempo estava se esgotando e ainda não tínhamos um plano para fazer a foto.

O CONGESTIONAMENTO E A SURPRESA INESPERADA

DATA E HORA: 8 de outubro de 19XX, 15h30

Não fiquei contente quando o motorista de táxi me disse que havia um acidente e ele pegaria um desvio. Estava exausto por ficar acordado vigiando o alvo oficial e a cidade estava muito abafada, cheirando a lixo. Pior de tudo, ainda não tinha ideia de como fazer uma foto do alvo original. O tempo estava passando e iríamos embora dentro de poucos dias. Eu ia pedir para o motorista me deixar descer quando ele falou que estava pegando a Avenida X, uma rua que não era muito usada pelo trânsito local. Mal pude acreditar no que estava ouvindo... ele tinha acabado de dizer que pegaria a via exata de localização do prédio secreto do governo? Seria a oportunidade para fazer a foto? Minhas mãos começaram a suar quando o táxi entrou na rua, lentamente, aproximando-se do prédio secreto. Comecei a pensar freneticamente na melhor maneira de aproveitar a oportunidade. Tinha que agir rápido e com cuidado. Como qualquer bom espião, sempre tenho uma câmera pronta, e estávamos nos aproximando o suficiente para que eu tirasse a foto. Mas como faria isso sem ser pego?

PENSE COMO UM ESPIÃO: APROVEITE AS OPORTUNIDADES

Os bons espiões podem pensar e se adaptar rapidamente em qualquer situação. Se você quiser ser um bom espião, precisa pensar depressa. Assim como empresários bem-sucedidos conseguem aproveitar uma oportunidade inesperada, um bom espião está pronto para analisar qualquer situação e descobrir como usá-la a seu favor. Resultado: se você não for engenhoso, nunca será um bom espião. E em sua vida pessoal, se não for habilidoso, será muito mais difícil sobreviver a uma crise, como um apagão, colapso econômico ou desastre natural.

O táxi parou. Trânsito congestionado. Obviamente o motorista não foi o único a pensar em pegar esse caminho. Tive cuidado para não mostrar minha empolgação. Para o motorista, eu era um turista qualquer, cansado, chateado com o calor e a demora. O táxi continuava devagar durante o que me pareceu levar séculos até que, de repente, lá estava... o alvo que eu queria fotografar desesperadamente. Desanimei um pouco quando vi que a foto estava sendo bloqueada. Tudo que havia entre mim e a foto era um chafariz horroroso, mas não deixaria aquilo me impedir de possivelmente derrubar uma célula terrorista.

De improviso, disse ao motorista: "Poxa! É um chafariz muito bonito! Pode tirar uma foto minha na frente dele?" Senti ele realmente hesitar... era óbvio que o prédio estava muito protegido. Para meu grande alívio, o motorista concordou. Rezando em voz baixa, tinha esperanças de que a foto incluiria uma antena secreta. Assim que a fotografia foi tirada, guardas armados apareceram do nada e começaram a gritar. O motorista e eu corremos de volta para o táxi e seguimos nosso caminho. Não sabia ainda se tinha conseguido, mas reconheci que foi a melhor chance que teria, e fiquei ansioso para voltar para o local seguro e verificar a imagem.

FERRAMENTA FAVORITA DO ESPIÃO: FILME FOTOGRÁFICO

Tenho uma caixa enorme e impermeável na garagem. À primeira vista, parece estar cheia de fotos inocentes e banais tiradas pelo mundo. Mas cada imagem é uma lembrança de certa missão realizada em cada país. Os espiões usam câmeras comuns que tiram fotografias incríveis. Como a maioria das fotos que tiramos é incriminatória, o filme é especial, fabricado apenas pela CIA. Se eu for pego e minha câmera capturada, o filme não terá nada que possa me levar à morte ou me colocar na cadeia pelo resto da vida.

ESTAVAM ME SEGUINDO?

Meu coração estava na boca. Eu tremia por ter tirado a foto, mas havia um problema maior que precisava ser resolvido de imediato. Se eu tivesse conseguido fotografar um detalhe de segurança disfarçado no prédio, eles me seguiriam até o local seguro, onde MAX operava o equipamento de espionagem de mais alto nível no planeta. Nenhuma desculpa, por mais convincente que fosse, nos tiraria daquela situação. Se fôssemos pegos agora, não só o governo estrangeiro e hostil capturaria a tecnologia de ponta, mas também descobriria que estávamos cientes de que ele estava envolvido em planos de terrorismo. Se isso acontecesse, as coisas terminariam muito mal para nós. Mas, se eu fosse parado, tudo que ele teria era minha história patética sobre querer uma fotografia em um chafariz e uma câmera com um rolo de filme sem valor. Precisava ter certeza de que não estava sob vigilância antes de voltar para o esconderijo.

O LUGAR SECRETO

Os pilotos precisam conhecer os locais de pouso de emergência — grandes campos vazios ou água em uma situação pior. É assim com os espiões. Se eu suspeitar que estou sendo vigiado, tenho que descobrir uma forma de ter certeza. Nesse caso, não poderia arriscar ser seguido até o local seguro. Isso significava que tinha que continuar trabalhando com o disfarce. Precisava ir com calma e ser o mais discreto possível, indo a diferentes "pontos de disfarce", várias lojas e cafés, parecendo um turista, na esperança de desinteressar qualquer pessoa que estivesse me vigiando.

Após visitar meus pontos de disfarce planejados previamente, ainda não tinha certeza de que estava fora de perigo. Fui para meu "abrigo", um lugar que escolhi com cuidado depois de chegar na Ásia. Era um lugar onde poderia aguardar, por horas ou dias, para me certificar de que não estavam me seguindo. Quando saía para pegar coisas para meu colega doente, notei que algumas pessoas desabrigadas se juntavam sob uma ponte. Não é o lugar mais confortável para passar o tempo, mas era o esconderijo perfeito. Para garantir que seria bem-vindo, dei comida àquelas pessoas quando comecei a criar meu disfarce. Após longas horas sob a ponte, tive certeza de que ninguém me seguia e voltei para o local seguro.

TUDO VALEU A PENA?

Retornei sem ser pego; um bom sinal, mas ainda não me sentia fora de perigo. Havia muito em jogo. Embora minhas ações fossem em prol da segurança dos EUA, tirar aquela foto realmente tinha sido um grande risco. Se ficássemos expostos, a consequência seria catastrófica para a segurança nacional dos EUA. Não pude deixar de questionar se forças externas se reuniam, prontas para entrar e nos jogar na cadeia. Em uma prisão estrangeira, estaríamos sujeitos a torturas indescritíveis ou seríamos mortos. Depois de uma noite sem dormir, desmontamos nosso equipamento e voltei ao local do sinal para marcá-lo, sinalizando que o ponto de entrega estava carregado e podia ser acessado. Sair do apartamento e passear pela cidade também era um modo de manter a normalidade, afinal, eu seguia a mesma rotina estabelecida desde que cheguei ao país. Se alguém estivesse vigiando, me veria fazendo exatamente o que fazia todos os dias. Nenhum de nós poderia respirar aliviado até ter pousado no Aeroporto Internacional de Dulles. Não estaríamos mais em risco de ser detidos por um governo estrangeiro hostil apenas quando chegássemos ao solo norte-americano. Conseguimos voltar em segurança.

MISSÃO CUMPRIDA?

Há um prédio sem identificação que parece um prédio comercial qualquer. Mas esse lugar não é nada comum. Na verdade, é um local especial onde os espiões levam seu equipamento para inspeção após uma operação no exterior e que está repleto de todos os dispositivos imagináveis: rádios, câmeras, ferramentas, cordas, roupas especiais e óculos de visão noturna. A recepcionista parece normal, mas ela tem uma Uzi [metralhadora] no colo, e a equipe de limpeza é composta de especialistas de segurança altamente treinados que usam colete à prova de balas e armas.

Levamos nosso filme secreto para análise, esperando que tivesse a foto da antena. Bingo — acertamos em cheio. A antena estava bem visível na fotografia. Combinamos as coordenadas exatas do prédio com informações sobre a hora e a data em que estive lá, e os analistas de imagem conseguiram determinar a direção exata para onde apontava a antena. Missão cumprida.

SEGREDOS ENTRE ESPIÕES

Após qualquer missão, é preciso preencher uma papelada. Temos que fazer um relatório detalhado sobre nossa missão. Tal relatório confirmava que "conseguimos e coletamos com sucesso todos os requisitos da tarefa na missão oficial". Mas faltava algo. Nunca mencionamos a foto da antena. Se tivéssemos admitido que ficamos sob vigilância do inimigo, poderíamos ter sido barrados nas futuras missões devido a um "ambiente operacional excessivamente perigoso".

Às vezes, prédios simplesmente explodem.

Alguns segredos ficam entre os espiões. Tivemos uma "reunião não oficial pós-missão" com o mesmo analista que inicialmente nos informou sobre a antena secreta e essa conversa ficou totalmente fora dos registros. Foi durante essa reunião não oficial que descobrimos que muito em breve poderíamos ser enviados para uma nova missão no sul da Ásia. O próximo desafio? Eliminar uma operação terrorista sem deixar vestígios da CIA ou do envolvimento militar dos EUA. Às vezes, prédios simplesmente explodem.

SEU ESPIÃO INTERIOR

Sei que é quase impossível acabar em uma situação na qual é preciso planejar uma missão clandestina, com locais seguros, guarda-sóis modificados e filmes que podem ser apagados. Mas há algumas táticas que MAX e SAM usaram que podem ajudar em sua segurança e de sua família, sobretudo em uma situação em que precisa se esconder de alguém que está perseguindo-o ou se houver uma ameaça real contra sua vida e for preciso se abrigar com segurança até o perigo passar.

TÁTICA Nº 1: PONTOS DE DISFARCE E ABRIGOS

Há pouco tempo, minha esposa passou por uma experiência preocupante quando estava fazendo compras na Home Depot. Ela notou que um homem aparecia nas mesmas áreas da loja onde ela estava e não pegava nenhum item. Ela imediatamente iniciou a RDV (rota de detecção de vigilância), andando de propósito em diferentes seções da loja e prestando atenção no homem. É claro que ele apareceu em todos os corredores que ela foi. Foi quando minha esposa me ligou. Eu disse para pedir ao gerente para acompanhá-la até o carro e a lembrei de ter atenção ao verificar os espelhos e assegurar que o cara não a estava seguindo. O homem não a seguiu fora da loja e felizmente minha esposa conseguiu continuar o dia em segurança. Ao sentir que sua vida está realmente em perigo, sempre ligue para a polícia de imediato. Porém, se está em uma situação em que não tem certeza de se está sendo seguido e quer se sentir seguro, basta executar a RDV, como minha esposa, e usar vários pontos de disfarce e abrigos como um verdadeiro espião.

Os Pontos de Disfarce Podem Ser Qualquer Coisa, Mas Precisam Fazer Sentido

SAM usou seus pontos de disfarce planejados previamente antes de ir para o abrigo. Ele observou lugares que poderia visitar se estivesse tentando parecer normal, quando suspeitasse que alguém poderia estar vigiando-o.

Um ponto de disfarce é qualquer local público que se pode entrar. Pode ser uma cafeteria, um restaurante, Walmart ou um armazém. O importante é que faça sentido. Você precisa dar a impressão de que está seguindo sua rotina. Uma série ideal de pontos de disfarce pode ser comprar balões em uma loja, bolo em outra e entrar em uma terceira para comprar um presente.

Parecerá que está fazendo compras para uma festa de aniversário, mas, na verdade, está analisando com cuidado a área, observando se há alguém o seguindo em cada local. Embora pegar um café na Starbucks seja um bom ponto de disfarce, não levante suspeitas indo para a Dunkin' Donuts em seguida. É pouco provável que pareça natural ou autêntico.

À Espera: O Abrigo

Após SAM realizar a rota contra vigilância indo para pontos de disfarce, ele foi para seu esconderijo. Ele queria mais tempo para esperar, se certificar de que a pessoa que o seguia tinha ido embora quando saísse. Mesmo que ficar sob uma ponte com pessoas desabrigadas tenha funcionado bem para SAM, é importante salientar que um esconderijo não precisa ser tão radical. Escolha qualquer lugar público onde possa ficar várias horas sem levantar suspeitas. Um esconderijo pode ser um café, bar ou talvez um restaurante onde você pode ir e se comportar normalmente enquanto aguarda que a pessoa que o segue vá embora.

Aonde Poderia Ir?

Espero que você nunca seja seguido ou entre em uma situação em que tema por sua segurança. Mas planejar previamente pontos de disfarce ou abrigos é fácil e pode mantê-lo seguro. Basta observar vários lugares perto de sua casa ou trabalho aonde poderá ir se achar que está sendo seguido. Quantos cafés ou bares existem entre a saída do metrô e seu prédio ou no caminho para o escritório? Aonde iria para ficar seguro? Quais restaurantes e lojas existem perto do escritório ou de sua casa? A quais iria se estivesse preocupado com sua segurança? Ter um plano que possa ser executado rápido em uma situação de perigo pode evitar um desfecho desfavorável.

TÁTICA Nº 2: LOCAL SEGURO

Pode ser difícil imaginar uma situação em que precisará de um local seguro, mas eles não existem só para os espiões. Se já se sentiu ameaçado por um ex ou um colega de trabalho insatisfeito, pode preparar um local seguro onde ninguém poderá encontrá-lo. Esqueça o clichê de tal local ser um abrigo subterrâneo com comida e munição. É Hollywood errando de novo. A coisa mais importante que se precisa saber sobre criar um local seguro é que ele pode ser qualquer coisa. Pode ser um quarto de hotel inofensivo ou uma simples casa em uma típica rua do subúrbio. Se precisar ficar alojado em segredo ou dar refúgio a outra pessoa, há algumas coisas que precisa lembrar:

- O que quer que o local faça por você? Deseja entrar e sair sem se notado?
- Precisa ter luzes acesas até tarde da noite? Precisa ser um lugar que não levante suspeitas?
- O local precisa ser perto de algum lugar em particular?
- Você conseguirá entrar e sair discretamente para pegar os itens que precisa, como comida e outras provisões?

TÁTICA Nº 3: O ESCONDERIJO

SAM e MAX não poderiam sair do avião em um país estrangeiro e hostil com uma mala cheia de equipamentos de vigilância, pois certamente seriam presos. Os espiões recebem muito treinamento ao planejar entregas rápidas e sinais. Graças a muito preparo e planejamento, eles estabeleceram locais onde o agente local poderia descarregar o equipamento em um esconderijo bem oculto. Além de um ótimo lugar para passar mensagens secretas, os esconderijos são um dos meus modos favoritos de guardar outros materiais e munição, em caso de uma grande emergência.

O Esconderijo Mais Seguro: Um Depósito

O elemento mais importante de um esconderijo, para fins práticos, é ficar longe de sua residência principal. Algumas pessoas que fazem meus cursos Spy Escape & Evasion (www.SpySafety.com — conteúdo em inglês) querem manter um esconderijo de armas e munição no caso de o governo assumir o comando. Sempre enfatizo que um cenário muito mais provável é que sua casa seja incendiada e todas as armas e munição queimem também. Você deseja que um esconderijo de provisões extras fique fora de sua casa, mas tenha acesso fácil. Com certeza, é possível seguir em frente e enterrar armas e munição, provisões e dinheiro em uma área determinada, mas há chances de não se lembrar do local exato, o que obviamente não adiantará em uma emergência.

Alugo um espaço de armazenamento do tamanho de um closet em um depósito por cerca de US$25 ao mês. Pago em dinheiro para ninguém me relacionar ao esconderijo de provisões. Nele tenho dinheiro, comida, água, equipamento de sobrevivência e, sim, armas e munição. Se uma emergência extrema ocorrer e eu não puder chegar em casa, ou os itens em minha casa forem destruídos, sei que tenho provisões adicionais guardadas em segurança no meu local secreto.

Se Decidir Enterrar, Faça Certo

Se realmente quiser enterrar, o modo mais seguro de proteger os itens é construindo um local de armazenamento simples de PVC. Alguns aspectos precisam ser lembrados se decidir por essa opção:

1. Lembre-se de onde enterrou. Você pode manter essa informação em um cofre à prova de fogo em sua casa. Pode guardar o cofre no sótão em uma caixa identificada como "roupas" com outras caixas no local. Você ficaria surpreso com quantas pessoas me ligam e dizem que não conseguem lembrar onde enterraram seus itens.
2. Considere espalhar as coisas. Enterre alguns itens perto de casa e outros perto do seu local de trabalho.
3. Não compre itens baratos; você deseja enterrar itens que funcionarão quando precisar deles.
4. Nunca enterre nos seguintes locais: cemitérios, locais com alto tráfego de pedestres e no meio de uma floresta onde não há pontos de referência visíveis para localizar o esconderijo.
5. Todos os itens que ficarão no esconderijo devem ser colocados em um saco impermeável e as extremidades devem ser lacradas com ferro quente.
6. Use luvas ao criar o esconderijo ou limpe as superfícies com um limpador WD-40, para não deixar impressões digitais.

Para criar o esconderijo em si, será necessário:

- Tubo PVC 40 de 10cm (10cm de largura e 60cm de comprimento; lojas de material de construção têm esse tamanho padrão).
- Tampa de PVC de 10cm.
- Tampa de registro de 10cm com sistema de drenagem e exaustão.
- Adaptador fêmea de 10cm (para a tampa de registro).
- Cola adesiva (uma combinação de primer e argamassa para PVC).

Uma vez montado, basta colocar os itens que ficarão no esconderijo dentro dos sacos impermeáveis e lacrá-los com ferro quente. Coloque os itens no esconderijo, feche a extremidade e a tampa com o primer, depois passe cola e vede. Alguns itens importantes a incluir:

- Cobertor térmico.
- Capa.
- Fósforos à prova d'água.
- Estopas em um saco para sanduíche (para fazer fogo).
- Copo retrátil para pegar água.
- Faca de lâmina fixa (buscar na internet).
- Lanterna.
- Rolo de fita adesiva.
- Corda de paraquedas.
- Pelo menos uma nota de dinheiro (quanto mais, melhor).
- Pastilhas para purificar água.

- Cinquenta cartuchos de munição.
- Presilhas, grampos de cabelo, alfinetes de segurança.
- Bastões de luz.
- Kit de primeiros socorros.
- Comida.
- Disfarces como peruca, óculos e chapéu.

ENCONTROS DE ESPIÕES: MAX
MISSÃO CRÍTICA

Embora o planejamento e o preparo sejam essenciais em uma operação bem-sucedida, os agentes secretos precisam estar prontos para agir sem planejamento também.

Não houve nenhum alerta.

Ligaram para mim, em casa, no meio da noite — às 2 horas da manhã. A pessoa do outro lado da linha confirmou minha identidade com um desafio combinado e simplesmente me disse que eu precisava estar no local em dez minutos e deveria estar preparado para ficar na missão até ser liberado. Sempre tenho uma bolsa de viagem pronta. A minha tinha tudo de que precisava para viajar e me manter por alguns dias, incluindo passaporte, dinheiro em várias moedas estrangeiras, equipamento essencial, produtos de higiene pessoal e roupas íntimas. Fui treinado para ligações de missão crítica e era fácil pensar: "Ah, é apenas um treinamento." Mas dessa vez não. Um país hostil tinha atacado um alvo norte-americano e equipes de reconhecimento precisavam ser retiradas imediatamente.

Lembro claramente como fiquei nervoso e empolgado enquanto dirigia para a base aérea. Repassei tudo em minha mente várias vezes. Perguntei-me sobre o que tinha nas bolsas; estava certo? Revisei a história da missão, protocolos e procedimentos. Eu era um operador sênior naquele momento e esperava-se que eu cuidasse de mim mesmo, mas também fosse um exemplo de calma, confiança, determinação e eficiência. Também era minha função apoiar os caras menos experientes e garantir que nada fosse negligenciado. Em uma missão crítica não há margem para descuidos nem erros.

Essa missão em particular precisava que minha equipe e eu ficássemos em uma observação ativa por 36 horas seguidas, ou seja, sem dormir, comer, só com goles de água. Se alguém precisasse urinar, usaria uma garrafa. Foi uma missão difícil e meus olhos pareciam cheios de areia, queimando como ácido. Comecei a não ouvir os tons altos; tudo parecia barulhento, monótono e denso. Era como estar em um aquário com o tempo passando ao meu redor. Para ficar atento, tinha que repetir sem parar palavras e incentivos para mim mesmo. Até adormeci em pé, despertando pouco antes de cair no chão. A adrenalina corria rápido e eu voltava para a realidade do momento; mal podia esperar para acabar. É um grande declínio: se sentir invencível e, então, chegar ao ponto de estar esgotado física e mentalmente.

Em uma missão crítica não há margem para descuidos nem erros.

CAPÍTULO TRÊS

DR. X E O BAIACU

Como Sinais Secretos, Comunicação Secreta e uma Rota de Detecção de Vigilância de Cinco Horas Salvaram os EUA de uma Arma Biológica Mortal

MISSÃO: As informações indicam que a União Soviética está desenvolvendo uma arma biológica capaz de matar milhares de pessoas usando Tetrodotoxina (TTX), a toxina encontrada no baiacu. O agente deve determinar como a União Soviética extrai a TTX em grandes quantidades.

PARTICIPANTES: Agente Brendan Hamilton, experiente em persuadir e agora referido como ALEX.

Takashi Ono, agora referido pelo apelido/criptografia FELIX.

Foi a informação mais perturbadora que ouvi em anos. Os soviéticos estavam desenvolvendo uma arma biológica mais mortal do que qualquer coisa já vista antes. Eles tinham conseguido extrair grandes quantidades de TTX do baiacu e estavam planejando lançar a toxina em grandes áreas metropolitanas usando microcápsulas ou aerossol. A morte e o sofrimento que isso causaria eram inimagináveis. A TTX é 200 vezes mais mortal que o cianeto (e basta inalar o cianeto para entrar em coma com convulsões, seguidas de parada cardíaca). A mínima exposição à TTX causa uma morte rápida e violenta. Começa com um formigamento na boca, evolui rapidamente para paralisia e, então, morte. Pior ainda, a vítima fica consciente o tempo todo. Se os EUA fossem impedir os soviéticos de desencadear esse horror em vítimas inocentes, tínhamos que descobrir como estava sendo feito.

O ALVO

PERSONALIDADE:

NOME/CRIPTOGRAFIA: FELIX

IDADE: 49

ALTURA/PESO: 1,67m, 58kg

CABELO: Preto, na altura dos ombros, liso

ÓCULOS: NENHUM

PERSONALIDADE/COMPORTAMENTO/ATRIBUTOS: Calmo, reservado, afável. Especialista em neurotoxinas. Passa muitas horas trabalhando no escritório. Pouco sociável. Usa roupas discretas.

NACIONALIDADE/PAÍS: Japonesa, Japão

IDIOMAS FALADOS: Japonês, inglês

ATIVIDADES: Sai para tomar chá diariamente, faz caminhadas à tarde em um parque local várias vezes na semana. Vai e volta do trabalho a pé.

FAMÍLIA: esposa XXXXXXXX (39), filho XX XXXX (15)

ENDEREÇO: XXXXX, XXXX, XXXXX, Tóquio, Japão

TELEFONE: XXX-XXX-XXXX

Eu não tinha muito para prosseguir. A informação indicava que um "Dr. X" na União Soviética tinha um papel fundamental no desenvolvimento da arma. Os espiões não podem se aproximar de um russo diretamente porque eles suspeitam de imediato dos norte-americanos. Um norte-americano não consegue simplesmente desenvolver uma aliança com um russo, então tive que encontrar alguém que tivesse acesso ao Dr. X. E foi assim que acabei encontrando FELIX.

Os japoneses fazem mais pesquisa sobre a TTX do que qualquer outra pessoa, pois o baiacu é uma iguaria no Japão, e só um pedacinho mal preparado do peixe (ou fugu, como é chamado) mata. FELIX era doutor em uma pequena faculdade em Tóquio e especialista em TTX, e tinha acabado de apresentar um estudo sobre neurotoxinas em uma conferência. Um de meus contatos informou que uma pessoa muito interessante havia participado do evento — o próprio Dr. X. Isso significava que o Dr. X poderia usar a pesquisa de FELIX para criar uma arma biológica, e que FELIX poderia ser a ligação crucial com o Dr. X. Por sorte, FELIX se apresentaria em outra conferência em Tóquio dentro de poucas semanas. Eu não tinha muito tempo para me preparar, mas era um bom sinal, e estava determinado a ficar pronto a tempo. Havia muita coisa em jogo.

A PREPARAÇÃO

Eu só tinha algumas semanas para definir o disfarce perfeito. FELIX tinha doutorado. No Japão, os doutores também são médicos. Esses caras estudavam de 15 a 20 anos, o que significava que eu precisaria me integrar a pessoas altamente qualificadas. Não tentaria me passar por médico nem professor; seria fácil ser pego. Decidi me apresentar como pesquisador de uma empresa farmacêutica dos EUA. Assim poderia dizer a FELIX que estava curioso sobre sua pesquisa para fins clínicos. Havia chances de que ele acreditasse.

Um grande desafio era que eu não estava familiarizado com Tóquio, e não conhecer uma cidade pode arruinar uma operação ou mesmo acabar com a sua vida. Quando analiso uma nova cidade, uma das primeiras coisas que faço é memorizar várias rotas para circular por todos os lugares. Procuro atalhos e presto atenção a qualquer loja, bar ou restaurante em que possa entrar em uma emergência. Logo notei que Tóquio era cheia de "pontos estratégicos"; havia muitos becos, ruas estreitas e pontes que direcionavam as pessoas para determinada área. Precisava ter cuidado com isso. Se fosse seguido, ou pior, perseguido, não queria ficar encurralado, sem ter para onde ir. As vias e ruas interligadas podiam ser muito confusas, mas ao mesmo tempo eram ótimos esconderijos.

PENSE COMO UM ESPIÃO: REAVALIE OS ARREDORES

Você pode achar que conhece sua cidade como a palma da mão. A verdade é que os ambientes mudam o tempo todo e é fácil não perceber algo, a menos que faça questão de prestar atenção. Algo tão simples como uma estrada fechada ou um canteiro de obras poderia causar um atraso maior se você estiver em uma situação de emergência. Reavalie os arredores regularmente. Atente-se às mudanças e ao impacto direto que elas têm sobre você.

Também descobri que Tóquio tem vários lugares chamados de "snack pubs" e eles são perfeitos para os espiões. São uma mistura de café, bar e, por mais estranho que pareça, karaokê. Os moradores frequentam esses locais para comer, beber e cantar. Alguns "barzinhos", como são chamados, abrem o dia todo; outros, apenas tarde da noite. Então, se encontro um recruta durante o dia ou uso uma RDV no meio da noite, sempre há um lugar aonde posso ir. Os barzinhos também ficam em locais muito interessantes. Meu favorito era quase impossível de achar. Era necessário entrar em um prédio, sair pelos fundos e subir três lances de escada na lateral em que se localizava. Outros eram visíveis da rua e consistiam em "pontos de invasão" perfeitos. Um ponto de invasão é um lugar onde você pode entrar, forçando a pessoa que o segue a entrar se quiser saber o que você está fazendo. Se ela entra, você constata que está sob vigilância.

Na primeira vez que entrei em um snack pub, fui recebido calorosamente pela dona, ou "mama-san". Acho que por ser novo no lugar, ela me fez muitas perguntas. Conversou comigo enquanto preparava a comida e misturava a bebida de outra pessoa ao mesmo tempo. Ela conhecia todos que entravam e saíam; era claramente os olhos e os ouvidos do lugar. A espionagem diz: "Nunca confie em ninguém", mas não vejo assim. Muitas vezes me permiti confiar em alguém e isso salvou minha vida durante uma operação. Meu instinto me dizia que ter essa mama-san e outras pessoas como ela ao meu lado poderia ser muito útil. Comecei a frequentar os snacks pubs estrategicamente localizados pela cidade. Conheci a mama-san de cada lugar e sempre deixava uma grande gorjeta. Quando senti que podia confiar nela, dei uma garrafa de conhaque muito cara com algumas instruções específicas. Falei que se alguém aparecesse perguntando por mim, ela deveria servir uma dose generosa da minha garrafa. Eu a recompensaria por qualquer informação que pudesse me dar sobre qualquer um que me procurasse. Saí de cada bar sentindo que estava em boas mãos.

A APRESENTAÇÃO

DATA, HORA E LOCAL DE CONTATO: 13 de setembro de 19XX, 17h30, Universidade XXXXXX, Tóquio, Japão.

Chegou o dia da apresentação de FELIX. Coloquei um terno engomado e penteei meu novo corte de cabelo. Verifiquei se minhas unhas estavam limpas e meus sapatos, engraxados. Embora minha aparência devesse impressionar, não era chamativa. Eu não queria ofuscar ninguém. Meu disfarce estava pronto e tinha lido minuciosamente todos os trabalhos acadêmicos de FELIX. Era o momento de me apresentar. Assim que a plateia começou a se dispersar, abordei FELIX. Logo ficou claro que ele era tímido e não se sentia muito confortável conversando com novas pessoas. Disse a ele que achei a apresentação interessante e fiz um comentário sobre um de seus trabalhos publicados. FELIX ficou surpreso, mas lisonjeado. Era evidente que não ouvia algo assim com muita frequência. Ele começou a relaxar, então passei a conduzir a conversa com cuidado. Eu disse: "Aquela parte do trabalho sobre

TTX. Muito interessante. Como chegou àquela conclusão?" Tive que disfarçar minha empolgação quando ele respondeu que era algo que "aprendeu com o Dr. X na União Soviética". Agora eu tinha certeza de que estava no caminho certo. A conversa fluiu muito bem e fiz um convite para jantar. Mas FELIX não estava interessado; ele me disse que tinha muito trabalho a fazer. Eu não estava disposto a perder essa oportunidade e tive que pensar em outra alternativa. Então me lembrei de algo sobre seus trabalhos. Falei: "Sim, imagino que você deve ter muito trabalho. E a propósito, achei seu inglês excelente." FELIX se retraiu levemente e ficou óbvio que era um ponto fraco. A verdade é que a escrita dele em inglês era muito estranha e cheia de falhas. Ele me disse: "Tenho dificuldades para escrever em inglês. Ocupa muito do meu tempo." Agora sabia que o tinha nas mãos. "Ah, bem, eu ficaria honrado em ajudá-lo. Que tal eu ir ao seu escritório amanhã?" Essa oferta era muito mais atraente para FELIX do que o jantar, e ele concordou prontamente. Agora eu tinha meu primeiro encontro marcado e já conhecia as vulnerabilidades dele. O inglês era sua fraqueza e eu a manipularia ao máximo.

AFINIDADE/ACESSIBILIDADE/SUSCETIBILIDADE

Durante o encontro na universidade onde FELIX deu uma palestra, o agente disse a ele que estava muito interessado em sua pesquisa sobre TTX. FELIX admitiu que trabalhou com o alvo/Dr. X nessa pesquisa. O sujeito recusou a oferta para jantar, mas concordou com uma reunião no dia seguinte. O agente se encontrará com FELIX a pretexto de ajudá-lo com seu inglês. FELIX é calmo, educado, amistoso, um pouco tímido, mas se anima ao falar sobre seu trabalho. Ele parece preocupado com sua capacidade de escrever bem os trabalhos acadêmicos em inglês. Gosta de conversar sobre seu trabalho e reage bem a qualquer elogio sobre sua pesquisa.

PENSE COMO UM ESPIÃO: ESTEJA PREPARADO PARA UM PLANO B

Os espiões sempre estão preparados para aproveitar uma oportunidade quando ela aparece. ALEX sabia que tinha descoberto algo sobre FELIX e não deixaria a chance de marcar uma reunião com ele escapar só porque o cara não queria jantar. Quando a tentativa mais óbvia de conseguir um encontro não funcionou, ele imediatamente mudou para o plano B. Pensar rápido é algo que os espiões precisam fazer bem. ALEX só conseguiu o encontro porque mudou a estratégia a tempo e tentou outra abordagem.

ESTAMOS SENDO OBSERVADOS?

Nos meses seguintes, me encontrei regularmente com FELIX em seu escritório ou no café local. Estávamos nos dando bem e realmente tínhamos uma boa ligação. FELIX estava contente por ter ajuda com seu inglês. Claro, esses encontros também me davam a oportunidade perfeita para fazer perguntas sobre seu trabalho. Finalmente, consegui uma informação altamente valiosa ao descobrir que o baiacu excreta uma grande quantidade de TTX se é eletrocutado. Continuei a desenvolver minha aliança com FELIX, e ele acabou se tornando um espião intencional, o qual aceita deliberadamente uma recompensa pela informação que dá a seu agente e sabe que está realmente espionando para o Governo dos EUA. Comecei a lhe pagar uma "taxa de consultoria" pelas pequenas informações. Depois, quando as informações ficaram mais importantes, as taxas ficaram maiores. Embora FELIX aceitasse o dinheiro, sua filosofia pessoal também contribuía. Nós dois concordávamos que seria devastador se os soviéticos usassem sua pesquisa para criar uma arma mortal. FELIX sentia que prestava um grande serviço à humanidade ao me dar essas informações. Como ele estava ciente da situação, eu conseguia instruí-lo antes de suas viagens e interrogá-lo assim que voltava da União Soviética. Estávamos determinados a obter o máximo de informação possível sobre a arma biológica do Dr. X para evitar mortes em massa.

O SINAL

EP ABORTADO: 21 de outubro de 19XX, 13h30, Parque XXX XXX, Tóquio, Japão.

Ele parecia familiar e, quando se é um espião, isso não é bom. Percebi sua presença quando parei para comprar jornal a caminho do encontro com FELIX. Era o mesmo cara que eu tinha visto na rua pouco depois de sair do meu apartamento. Talvez fosse uma coincidência, mas eu não poderia arriscar "queimar uma fonte" ou deixar FELIX ser pego. Isso destruiria toda a operação. Se esse cara estivesse me seguindo, eu precisava saber. Saí da loja e comecei a andar pela rua. Pude ver o cara andando atrás de mim pelos reflexos nas vitrines. Fiz outra parada. Dessa vez, entrei em uma loja e comprei frutas. Quando saí, ele ainda estava lá, do outro lado da rua.

Quando comecei a andar, ele fez o mesmo. Mal sinal.

Eu sabia exatamente o que precisava fazer em seguida. Caminhei por alguns quarteirões até um parque próximo, e o cara atrás de mim o tempo todo. Sentei no quarto banco a partir da entrada e abri meu jornal. Enquanto lia, com cuidado, tirei um alfinete do bolso do casaco e o pressionei na lateral do banco. O alfinete não seria visível, a menos que alguém procurasse por ele. E a única pessoa que faria isso era

FELIX. Depois de uns 15 minutos, fui embora. FELIX sabia que o que estávamos fazendo era muito perigoso e era meu trabalho protegê-lo. Tínhamos conversado muito sobre o que fazer antes de *cada* EP (encontro pessoal) e quais medidas deveriam ser tomadas. Ele sabia que qualquer desvio do plano poderia ser mortal, e não apenas para nós. As vidas de incontáveis cidadãos norte-americanos estariam em risco se nossa operação falhasse.

Protocolo anterior a qualquer encontro pessoal. No caso de um encontro ser considerado perigoso pelo agente, um sinal será deixado no local predeterminado, no quarto banco a partir da entrada no Parque XXX XXX. Um alfinete inserido no lado esquerdo do banco indica que o EP está abortado. FELIX deve seguir a RDV antes de ir para o escritório ou para a casa. Ele não entrará em contato com o agente até que o sinal de continuação seja recebido.

Fiquei muito alerta após abortar o encontro. Quem era o cara que me seguia? Era da KGB? Esperava que FELIX tivesse visto o sinal e seguido a RDV como o ensinei. Fui direto para um dos snack pubs para ver se a mama-san tinha alguma novidade para mim. Sentei em meu lugar favorito — uma mesa com visão perfeita da porta. Quando mama-san serviu minha bebida, ela disse: "Gostaria de comer costela de porco hoje?" Esse era nosso código, significava que alguém tinha perguntado por mim. Sem dúvida, FELIX e eu estávamos sendo vigiados.

ENCONTROS DE ESPIÕES: ALEX
TREINAMENTO ANTES DO EP

Cada agente secreto se prepara para os EPs de um modo diferente. Quando se está infiltrado durante uma operação em um país estrangeiro, é essencial estar mentalmente preparado para se encontrar com um recruta.

Trabalhei infiltrado no mundo todo. Vivi com 20 disfarces diferentes. As operações me levaram do submundo em Seul, Coreia, até campos de batalha no Iraque, e testemunhei os horrores do genocídio na Bósnia. Cada lugar para onde fui enviado tem seus próprios desafios e é importante estar pronto para qualquer coisa. É por isso que tenho muito cuidado antes de um encontro importante com um recruta ou um alvo. Faço questão de me preparar mentalmente, pois estragar meu disfarce é uma das piores coisas que poderia acontecer. Como parte dos preparativos, não importa onde estou, faço um tipo de treinamento intenso antes do encontro. Pode ser qualquer coisa, correr ou levantar peso em uma academia. Se não tenho acesso a uma academia, faço muitos exercícios pesados, como flexões e polichinelos para meu batimento cardíaco aumentar. O exercício me ajuda a relaxar e alivia minha mente para que eu possa focar o encontro. Pode parecer estranho, mas me certifico de nunca comer muito ou ficar com fome; não quero absolutamente nada me distraindo da minha função. Isso é tão importante para meu processo que se não me sinto 100% bem e pronto após meu treinamento, se não estou convencido de que as coisas serão do meu jeito, cancelo o encontro. Não é algo que me agrada, mas é melhor do que estragar o encontro e colocar toda a operação em risco.

ROTA DE DETECÇÃO DE VIGILÂNCIA DE CINCO HORAS

DATA, HORA E LOCAL DE CONTATO: 5 de maio de 19XX, 16h30, XXXX XXXXXX, Tóquio, Japão.

Os espiões sempre seguem uma rota de detecção de vigilância após um encontro. Mas agora eu tinha que subir de nível. Depois de alguns dias, avisei FELIX para me encontrar em um restaurante em outra parte da cidade. O encontro foi bem-sucedido e fiquei aliviado em saber que, além de estar seguro, ele seguia com cuidado as RDVs como eu havia ensinado. Após o encontro, me preparei para uma noite muito longa. Queria ser extremamente cuidadoso, então planejei passar as próximas cinco horas executando uma longa rota de detecção de vigilância. Decidi que um museu seria minha primeira parada. Caminhei pelas diferentes exposições, prestando muita atenção a qualquer pessoa que pudesse estar me seguindo. Até o momento, tudo certo.

Em seguida, peguei o metrô. Passei por algumas estações, desci e voltei por outra direção. Os metrôs em Tóquio eram lotados. Embora fosse muito difícil saber se alguém me seguia, era praticamente impossível que o fizesse nesse tipo de tumulto. Jantei com uma amiga e, se alguém estivesse me observando, pareceria que era um encontro romântico. Após o jantar, peguei outro metrô, e não parei em minha estação de propósito. Em vez disso, desci e andei muito até um dos snacks pubs mais escondidos. Sentei e fiquei lá por duas horas. Convencido de que estava seguro, voltei para casa e tudo o que precisava era dormir. Um espião precisa estar atento, sempre. Sabia que no dia seguinte executaria outra RDV longa. Só é necessário um descuido para arruinar uma operação e alguém ser morto. E eu não deixaria isso acontecer, não com tantas vidas em jogo.

Só é necessário um descuido para arruinar uma operação e alguém ser morto.

SEU ESPIÃO INTERIOR

A comunicação secreta é realmente uma arte. Embora a simplicidade seja o segredo ao usar sinais, é preciso praticá-la com regularidade para que sua execução seja apropriada. São habilidades que qualquer um pode dominar e, além de ser divertido, há um lado prático que pode ajudar você e sua família a ficarem seguros.

TÁTICA Nº 1: COMUNICAÇÃO SECRETA — ALERTAR ALGUÉM COMO UM ESPIÃO

Quando é necessário cancelar um almoço com um amigo, você provavelmente enviará uma mensagem de texto. Como se pode imaginar, enviar mensagens, e-mails ou ligar nem sempre é uma opção para os espiões no meio da operação. E embora existam equipamentos incríveis usados na espionagem, às vezes, o melhor modo de se comunicar é por meio de sinais simples, como o alfinete de ALEX. Ninguém além de FELIX ou ALEX o notaria. Mas eles sabiam exatamente o que significava se ele fosse inserido no banco. Os espiões também podem usar uma fita colorida ou marcas de giz como sinal de alerta.

- Defina o sinal. Pode ser uma fita, um alfinete ou uma marca de giz. Qualquer coisa simples que não chame a atenção de outras pessoas.
- Escolha um local. Deve ser um lugar de fácil acesso para ambas as partes. E mais, verifique se o sinal não diverge da cultura local. Por exemplo, as ruas de Tóquio são limpas com frequência. Se uma marca de giz for feita na calçada, haverá uma boa chance de ela ser removida.

- Decida com que frequência o local do sinal será verificado. Toda sexta-feira? Uma vez ao mês? Diariamente? Apenas antes de encontros predeterminados?
- Planeje o que cada sinal significa. Indica perigo? Que um ponto de entrega foi abastecido? Ou que se deve abortar o encontro?

Comunicação Codificada Interpessoal: Crie Seus Próprios Sinais de Espião

Embora marcas de giz e alfinetes não sejam obviamente um modo eficiente para pessoas comuns se comunicarem, há casos em que os sinais podem ser muito úteis para manter você e sua família mais seguros. Desenvolver sinais simples e senhas próprias é uma excelente maneira de se comunicar com sua família quando você sente que pode estar em perigo.

- Defina uma senha, frase ou um sinal que sua família usará quando vocês estiverem em um local público e sentirem uma ameaça. Para evitar confusão, não use uma palavra comum e não escolha uma difícil de lembrar. Discutam antes qual medida será tomada se o sinal for usado.
- Proponha sua própria "frase de espião" para usar com seus filhos. Se você se aproximar deles no playground e usar a frase, eles entenderão que sua intenção é saber se estão bem. Também é uma boa ideia ter uma segunda frase, uma que signifique "Tudo bem se eu me afastar?". Essa é uma forma simples e discreta para a criança lhe informar se precisa de ajuda.

TÁTICA Nº 2: ROTAS DE DETECÇÃO DE VIGILÂNCIA NÍVEL PROFISSIONAL

Em meu livro *Spy Secrets That Can Save Your Life*, abordei apenas alguns aspectos divertidos que envolvem a execução da vigilância. Agora, contarei como os profissionais da CIA a executam em uma operação real. E a mesma regra mencionada no *Spy Secrets That Can Save Your Life* se aplica aqui. Deparar-se com a pessoa uma vez = acaso; duas vezes = coincidência; três vezes = ação inimiga.

Execute uma RDV Como um Verdadeiro Espião

Conseguir fazer seu trabalho sob vigilância requer muita habilidade, planejamento, paciência e autodisciplina dos agentes secretos. Mas os riscos são altos. Não escapar de uma vigilância em um ambiente hostil durante uma operação pode ter graves repercussões: a segurança nacional pode ser comprometida e as vidas do agente e de sua fonte podem ser ameaçadas. Os profissionais da CIA entendem que a natureza de seu trabalho consiste em se tornarem alvos de vigilância hostil. Isso significa fazer uma RDV sempre que têm um encontro, independentemente de qualquer coisa. Quando eles saem de um estabelecimento, não dá para olhar por cima dos ombros, decidir que tudo está em ordem e simplesmente ir para casa. Esse tipo de pensamento fará com que você seja pego ou morto.

Os Elementos de uma Boa RDV

- Uma RDV bem planejada garantirá que você chegue a um encontro na hora marcada sem ser seguido nem alertar ninguém que pode estar observando ou esperando que você aja.
- Uma boa RDV é planejada com antecedência, considerando qualquer obstáculo, inclusive tráfego, canteiros de obras, ruas de mão única (principalmente se estiver de carro), atalhos, pontos estratégicos, ruas estreitas e sem saída.
- Um espião memorizará várias rotas ao ir e vir de qualquer encontro. Elas devem ser trocadas e usadas aleatoriamente.
- Sua RDV deve proporcionar diversas oportunidades para que você possa detectar quem pode estar observando-o.
- Planeje sua RDV para que tenha oportunidades de olhar para trás. Pode ser ao dobrar uma esquinar ou olhar na vitrine de uma loja para ver se há alguém o seguindo. Essa tática deve ser realizada de modo lógico e natural.

Os Elementos da Vigilância

Existem muitas táticas diferentes que um agente secreto pode usar ao realizar uma RDV. Familiarizar-se com diferentes abordagens, praticá-las e ser capaz de executá-las rápido e com confiança pode ser a diferença entre voltar para casa vivo ou passar a noite em uma prisão estrangeira. Essas táticas devem ser inseridas nas RDVs aleatoriamente e em momentos diferentes.

Movimento Paralelo

Em um mapa, identifique o caminho mais rápido até o local do encontro. É uma rota lógica e que qualquer pessoa usaria em circunstâncias normais. Agora que você a identificou, planeje uma RDV que seja paralela e que cruze esse caminho. Por exemplo, em Nova York, a Times Square é uma reta que segue por dez quarteirões até o norte da Penn Station. Qualquer pessoa comum andaria direto até a Seventh Avenue para chegar à Times Square. Um movimento paralelo pode significar andar para leste até a Fifth Avenue, caminhar por alguns quarteirões ao norte, depois voltar para o oeste, ziguezagueando pela cidade até chegar ao destino.

Mudanças de Direção

Uma boa RDV terá muitas mudanças que o permitem olhar e identificar quem está atrás de você. Isso também faz com que a pessoa que possa estar seguindo-o vire na mesma direção, dando a oportunidade para identificar quem está na sua cola. Sempre deve existir um motivo para inserir uma mudança de direção na RDV. Entre em uma loja ou em um café. Suas mudanças precisam parecer lógicas e ter um propósito. Lembre-se de que aprender a executar uma mudança de direção sem ser notado requer prática. Simplesmente mudar e olhar para trás chamará atenção, e isso é a última coisa que deseja.

Movimentos Irregulares

O movimento irregular é uma manobra avançada, mas acrescenta complexidade a uma RDV. Trata-se de fazer uma série de mudanças de direção para a esquerda e para a direita, geralmente em uma área onde as ruas se cruzam. Se você desenhasse essa rota em um mapa, ela pareceria com degraus. Se alguém estiver atrás de você depois de três ou quatro movimentos, é seguro afirmar que está sob vigilância. Esse padrão parecerá incomum para alguém que o observa, então é importante segui-lo com uma ação lógica, como ir a um banco ou entrar em um prédio.

Paradas

Fazer uma parada em uma RDV pode ser uma ferramenta poderosa. ALEX a fez muito bem, anotando vários pubs onde seria normal passar um tempo. Como sempre, seja natural. Compre café, peça uma refeição, o que fizer sentido. Planejar paradas na RDV também dá uma oportunidade para ver quem entra no local depois de você, e é possível notar se alguém diminui a velocidade para olhar pela janela.

Direcionamento

Esta é outra manobra avançada que pode ajudar a confirmar se você está mesmo sendo seguido. A ideia é forçar qualquer vigilante a seguir diretamente atrás de você. Pode ser em túneis bem iluminados, pontes longas e partes de rodovia sem saídas ou viadutos. Se você for alvo de uma vigilância com várias equipes, isso as forçará a fazer uma fila, conhecida como "comboio".

Inversões

Inversão é um movimento que lhe permite olhar para trás e verificar se está sendo seguido. Força a pessoa que o segue a reagir ou virar na mesma direção que você. Após a inversão, faça uma parada lógica ou parecerá muito artificial.

É possível fazer a inversão em um shopping ou loja de departamento. Caminhe em determinada direção e vire em 180°; o ideal é entrar em um elevador ou ir para uma escada. Agora você consegue olhar na direção de onde veio e observar o que está acontecendo sem parecer suspeito. Obviamente, a escada rolante ou a escada normal precisa estar na direção oposta da qual você se aproximou.

Lavagem a Seco

Lavar a seco é quando você entra de propósito em um prédio com várias saídas, como uma loja de departamento ou shopping. O vigilante é forçado a acompanhá-lo, pois não tem ideia de qual saída será usada. Uma vez dentro, é possível utilizar inversões e movimentos irregulares para atrair a pessoa e, assim, ver onde ela está e o que está fazendo. Quando sair, escolha um local diferente do qual entrou.

ENCONTROS DE ESPIÕES: BRYAN
COMUNICANDO-SE COM AGENTES POR SINAIS SECRETOS

Acho que há uma noção preconcebida de que espiões são treinados para fazer coisas físicas incríveis, mas que não requerem imaginação. Descobri que ser criativo é muito útil, sobretudo ao se comunicar com um agente. Lembro-me de treinar um agente para vigiar sinais usando um rádio de aparência normal que eu o fiz guardar no porão. Parecia um rádio comum que alguém teria guardado para ouvir enquanto trabalhava em alguns projetos. A diferença era que eu poderia passar pela casa dele de carro e apertar um botão para que uma luz pequena, mas discreta, acendesse. Meu agente sabia exatamente o que significava. Ele deveria sair para caminhar à noite pela cidade em uma hora predeterminada. Esse sistema de rádio funcionava muito bem.

Também vi sinais muito criativos. Uma mulher trabalhava com um agente em um grande prédio comercial, mas o ambiente era muito inadequado para que ela falasse com ele no trabalho. O sistema de sinalização entre eles era genial. Ela descobriu um perfume muito característico e o detetive foi treinado para prestar atenção à sua fragrância. Ele foi instruído a ir para uma escada ou um elevador específico em horários predeterminados. Se a mulher precisasse se encontrar com seu agente, passaria por ele usando o perfume. Ao senti-lo, ele sabia que deveria se dirigir a um dos lugares combinados. É um sinal que outras pessoas não percebiam.

O sal é outro. Já treinei um agente, também em um prédio, para prestar atenção e sentir o sal sob os sapatos. Ele sabia que precisava ir ao banheiro masculino em horas predeterminadas e prestar muita atenção aos seus sapatos quando entrasse no local. Se um encontro fosse necessário, haveria sal no piso e ele sentiria os grãos sob seus pés.

Há inúmeros modos de enviar sinais para uma pessoa. É uma questão de saber o que funciona melhor para você e seu agente, e o tipo de ambiente onde estão. Fora isso, você pode ser tão criativo quanto quiser.

CAPÍTULO QUATRO

REUNINDO INFORMAÇÕES EM UMA ZONA DE GUERRA

Sobrevivendo a Bombardeios e à Brutalidade Durante uma Guerra Civil em El Salvador

MISSÃO: Coletar informações valiosas para os militares. Instruir militares da América Central de forma regular para que decisões fundamentadas possam ser tomadas e os alvos possam ser designados.

PARTICIPANTES: Peter Kaplan, de agora em diante referido como PAUL.

Sebastian Mercado, agora referido com o apelido/criptografia ANGEL.

O voo foi longo e horrível. Mesmo em um 747, pareceu uma eternidade. Nunca fui enviado em uma rota direta e fizemos algumas paradas que foram bem atípicas. Para piorar, meu destino era uma região com grande risco de malária e o remédio era péssimo para o intestino. Quando cheguei à América Central, estava acabado. Mas não havia tempo para descansar. Uma guerra muito violenta estava em curso e aconteceram cinco ou seis recentes batalhas brutais. Meu trabalho era coletar informações que pudessem ajudar nosso pessoal a tomar decisões acertadas. Era basicamente coletar informações táticas — obter HUMINT para que a equipe apropriada pudesse trabalhar com dados atualizados. Fico feliz em dizer que consegui obter informações úteis para os militares de forma regular, mesmo que situações muito doidas tivessem acontecido durante a operação.

Meu representante oficial era ANGEL. Ele era um oficial da Força Aérea de Porto Rico e trabalharíamos juntos. Ele dominava o dialeto local, conhecia o lugar e aparentava ser o cara mais malvado que já conheci. Tinha um bigode no estilo Fu Manchu, cabelo muito comprido e não fazia nenhuma questão de esconder o revólver que mantinha no cinto. Sua primeira tarefa era me levar para o esconderijo localizado em uma área protegida. No caminho, ANGEL me contou uma história que me deu arrepios e me fez pensar se dessa vez seria mais difícil e perigoso realizar o trabalho, apesar de tê-lo feito muitas vezes antes.

BRUTALIDADE AO EXTREMO

ANGEL explicou que as guerrilhas eram cruéis. Os caras se escondiam nas montanhas durante o dia e saíam à noite. Recentemente, um fazendeiro tinha sofrido muito nas mãos dos guerrilheiros. Ele era um proprietário rico que administrava uma fazenda próspera, tinha muitas terras e uma casa grande. Um dia um batalhão chegou e informou que eles precisavam acampar na fazenda, ficando na propriedade por alguns dias. O fazendeiro não teve escolha; esse tipo de obrigação simplesmente era esperado dele, então é claro que concordou. As tropas acamparam, e o fazendeiro e sua família se ocuparam de suas tarefas. Depois que as tropas foram embora, um grupo de guerrilheiros chegou e fez algo inimaginável. Eles cercaram o fazendeiro, sua esposa e seis filhos, e atiraram nas crianças, uma por uma, na frente dos pais. O fazendeiro e a esposa foram avisados de que "aquilo serviria de lição por terem ajudado o governo". Esse era o ambiente para o qual me enviaram, onde reina a brutalidade. Precisava estar preparado para o que for, pois os guerrilheiros poderiam fazer *qualquer coisa*. Por sorte, não sofri nada tão terrível quanto o fazendeiro, mas enfrentei muitas situações que me fizeram temer pela minha vida.

ATACADO NO ESCONDERIJO

DATA, HORA E LOCAL: 25 de novembro de 19XX, 21h09, XXXX XXXX XXXXXXX, São Salvador, El Salvador.

ANGEL, eu e outras pessoas trabalhávamos por muitas horas para passar informações para as pessoas certas, inclusive para um general dos EUA. Fornecíamos informações atualizadas todas as manhãs. Uma noite decidimos nos dar um presentinho. Estávamos todos em um esconderijo localizado em uma área protegida. Acabou que um dos caras conseguiu uma conexão de TV via satélite em sua casa e comentou que uma importante luta de boxe seria transmitida aquela noite. Decidimos comprar cerveja e todos concordamos em nos reunir na casa dele para assistir. Como era um esconderijo em uma área protegida, é óbvio que era muito importante manter nossa localização em segredo e sempre fomos muito cuidadosos ao assegurar que não estivéssemos sendo seguidos. Aquela noite não foi uma exceção. ANGEL e eu executamos com cuidado a RDV antes de entrarmos na área.

As cervejas foram distribuídas e todos nos acomodamos na frente da pequena TV para desfrutar de uma noite calma e relaxante assistindo à luta. Mas a noite não seria nada relaxante. A luta mal começara quando o apartamento estremeceu com uma grande explosão. O lugar inteiro sacudiu. Parecia uma bomba. Pude literalmente sentir o cheiro da explosão vindo em nossa direção. Imediatamente me joguei no chão, levando uma luminária e uma mesa comigo. Não tinha ideia do que estava acontecendo, mas era seguro supor que tínhamos sido seguidos até a área e que os guerrilheiros explodiram o portão da frente para abrir passagem. Fomos treinados para evacuar de imediato, mas só havia uma saída, e era de onde tinha vindo o som da explosão. Usar aquela porta poderia significar ir direto para o perigo. Não tínhamos para onde ir e os guerrilheiros poderiam invadir a qualquer minuto.

PENSE COMO UM ESPIÃO: SEMPRE OBSERVE AS SAÍDAS E AS ALTERNATIVAS

Sempre que um espião senta em um restaurante, cafeteria ou cinema, garanto que a primeira coisa que ele faz é observar as saídas. Também é provável que sente em uma posição que o permita ver uma entrada/saída para poder prestar atenção a todos que passam por ali. Um espião procurará a saída mais próxima, mas também localizará qualquer outro meio de escapar, no caso de algo acontecer. Isso pode significar usar uma saída do outro lado da cozinha do restaurante ou até mesmo uma janela. Adquira o hábito de observar os pontos de saída quando estiver em público. Pode salvar sua vida algum dia.

Tivemos que nos preparar para nos defender rápido. Colocamos o máximo possível de móveis para fazer uma barricada na porta e preparamos nossas armas. Não havia mais nada que pudéssemos fazer, apenas sentar em silêncio, armas em punho, nos manter escondidos e o mais quietos possível. Mal nos movemos na hora seguinte. Os guerrilheiros não invadiram, e, finalmente, pudemos supor que era seguro sair. Tivemos uma sorte incrível. A explosão não era para nós; no fim das contas, eles não tinham encontrado nosso esconderijo. Eles saíram das montanhas à noite apenas para explodir alguns postes de telefonia. Foi um ato de sabotagem econômica, mas aprendi que na América Central devastada pela guerra não se pode baixar a guarda nem por um segundo.

QUANDO VIOLAR O TOQUE DE RECOLHER QUASE NOS MATOU

DATA, HORA E LOCAL: 4 de abril de 19XX, 23h30, São Salvador, El Salvador.

Vi coisas na América Central que fico contente em dizer que nunca mais presenciei. Havia tanta violência na capital que a embaixada em El Salvador estabeleceu um toque de recolher. Não deveria ter ninguém nas ruas depois de escurecer, e violar esse toque poderia levar à morte. Era comum que guerrilheiros em motos aterrorizassem pessoas inocentes. Parar o carro em um sinal de trânsito poderia ser mortal. Os guerrilheiros trabalhavam em duplas. Eles emparelhavam com um carro parado e descarregavam o pente inteiro da arma, matando todos no interior do veículo. Muitas pessoas perderam suas vidas desse modo aleatório e sem sentido.

Como em qualquer zona de guerra, São Salvador tinha áreas que eram focos de violência e esses lugares deviam ser evitados a todo custo. A universidade era um exemplo de área proibida, pois era um lugar onde a propaganda era publicada e distribuída. Na época, um adido naval tomou uma má decisão e começou a namorar uma universitária; isso custou sua vida. Um dia ela pediu que ele a buscasse. Mas ela o tinha dedurado para os criminosos e ele foi assassinado no meio do café da universidade. E, como se tudo não bastasse, o desemprego estava desenfreado e havia certa de 50 mil guerrilheiros e tropas do governo rodando pela cidade. Também sabíamos que o governo poderia confiscar seu veículo se quisesse. A pessoa saía à noite de carro, era solicitada a se retirar do veículo e ficava a pé sozinha na rua, sem nada. Nem é preciso dizer que levávamos a sério o toque de recolher e ficávamos relutantes em sair à noite, a menos que fosse realmente necessário.

PENSE COMO UM ESPIÃO: ÁREA PROIBIDA DE UM ESPIÃO?

Você pode ser morto se praticar espionagem de forma errada, sobretudo em uma área proibida.

Embora seja obviamente uma situação muito mais radical do que qualquer outra que enfrentará e provavelmente nunca tenha que evitar nenhuma área proibida, qualquer espião lhe dirá para ficar longe de grandes multidões. É perigoso. E, sim, para algumas pessoas isso pode significar não comparecer a certas atividades de lazer, como eventos esportivos, concertos ou desfiles, ou seja, qualquer acontecimento que atraia muitas pessoas ao mesmo lugar. Entendo que muitos não querem perder as atividades que gostam por causa do medo. Se estiver no meio de um grande público, é essencial ter boa consciência situacional. É preciso observar o que acontece à sua volta, ficar atento a qualquer pessoa que se destaca ou age de modo estranho, e estar pronto para agir de acordo.

Em uma noite de abril, ANGEL e eu trabalhamos até tarde. Passava das 23 horas e ainda não tínhamos jantado. ANGEL disse que estava com fome e que conhecia um McDonald's que ainda estaria aberto. Eu tinha um revólver em um coldre de ombro e joguei um casaco leve sobre ele, pois estava um pouco frio. Entramos no carro, dirigimos com cuidado até o local e chegamos sem incidentes. ANGEL entrou para pegar a comida e esperei no carro. A violência e o crime tinham chegado a um nível tão assustador que era comum ver seguranças fortemente armados por todo lado. Saindo das sombras, avistei um segurança que portava uma escopeta automática vindo em minha direção. Ele se aproximou diretamente do carro e apontou a arma para o meu rosto.

Mal pude acreditar. Tinha sobrevivido em diferentes zonas de guerra no mundo inteiro, mas seria morto no estacionamento de um McDonald's, atingido por um segurança amador com uma arma incrivelmente potente. Logo percebi que ele estava muito agitado. Eu ainda fumava naquela época e a única coisa que pensei em fazer foi lhe oferecer um cigarro. Ele assentiu, lhe entreguei o cigarro e acendi, com cuidado para não deixar minhas mãos tremerem. Pude ver que ele começava a relaxar enquanto fumava. Naquele momento ANGEL chegou. Eles trocaram algumas palavras em espanhol e, de repente, estavam rindo. ANGEL explicou que o cara só queria ver minha arma. Puxei meu casaco para trás e mostrei o revólver. Ele sorriu e fomos embora, e novamente agradeci por sobreviver mais um dia.

PENSE COMO UM ESPIÃO: ALIVIE A TENSÃO DE UMA SITUAÇÃO DIFÍCIL

Qualquer bom espião lhe dirá que você nunca deve entrar em um confronto, principalmente físico, a menos que seja necessário. PAUL pensou rápido para diminuir o nível de agitação do cara ao oferecer um cigarro, e funcionou. Se ele pegasse o revólver, é bem provável que o segurança atirasse nele com sua arma muito mais potente. Nunca piore a situação, sempre tente aliviar a tensão. (Porém, se não puder fazer isso e for forçado a se defender, é preciso conhecer golpes de autodefesa rápidos e eficazes que possam tirá-lo de qualquer situação.)

Nunca piore a situação, sempre tente aliviar a tensão.

SEU ESPIÃO INTERIOR

Países devastados pela guerra são lugares muito perigosos, pois são instáveis e há um alto risco de ser atingido por uma bala ou explosão. Muitos agentes da CIA passam um tempo em zonas de guerra e espero que seja algo pelo qual você nunca tenha que passar. Mas, como se sabe, vivemos em uma época imprevisível e muitos de nós se preocupam com ataques terroristas ou ataques de um "lobo solitário". O que você faria se ouvisse uma explosão? O que faria se saísse com sua família e uma bomba explodisse? Como lidaria com uma situação em que enfrenta uma pessoa ameaçadora determinada a lhe fazer mal?

TÁTICA Nº 1: O QUE FAZER EM UMA EXPLOSÃO

O Maior Medo de Todos: Explosivos Improvisados

É o maior medo de todo norte-americano. Você está fora de casa, talvez indo a um shopping ou só andando pelas ruas para ir jantar, quando de repente o chão treme violentamente sob seus pés. O som é ensurdecedor, e, antes que possa entender o que está acontecendo, é lançado a vários metros no ar. O caos se instala: pessoas estão machucadas, sangrando, gritando, cacos de vidro e metal por todo lado. Uma bomba explodiu. Os norte-americanos presenciaram com horror bombas sendo detonadas apenas a 12 segundos da linha de chegada na Maratona de Boston em 2013. Mais recentemente, em 2016, eles viram uma bomba explodir em uma rua de Nova York, aterrorizando os cidadãos que faziam suas atividades diárias, como ir ao mercado ou passear com o cachorro.

Os dispositivos explosivos improvisados (DEIs) são uma grande preocupação na era do terrorismo. Embora os DEIs muitas vezes sejam mortais, é possível se munir de conhecimento básico que pode ajudá-lo a sobreviver a uma explosão. Usar uma combinação de consciência situacional, bom senso e praticar a técnica "0, 5, 25" (veja sobre ela na página 72) pode salvar sua vida.

Quando a Explosão Acontece: Duas Ações que Podem Salvar Sua Vida

Fique Abaixado ou Deitado no Chão

Quando há uma explosão, a primeira coisa mais importante que se precisa fazer é deitar no chão e se abaixar o máximo possível. Agarre-se onde puder para não ser arremessado. Se estiver em um prédio, tente se arrastar para baixo de uma mesa ou qualquer objeto pesado que possa protegê-lo dos escombros. Fique longe de janelas, grandes espelhos, equipamento elétrico ou um móvel alto e instável, como estantes, que podem cair sobre você. Onde quer que esteja, é essencial ficar abaixado, completamente deitado no chão se possível. A bomba pode ter sido usada para lançar estilhaços, o que pode ser mortal. É mais provável que os destroços atinjam as pessoas perto do tronco e da cabeça. Ficar abaixado pode evitar que você morra ou fique gravemente ferido com os estilhaços.

Respire Devagar, Calmamente

Durante um evento traumático como esse, é normal respirar profundamente ou buscar ar, mas, quando a bomba explodir, respirar devagar e com pequenos movimentos pela boca pode salvar sua vida. O que a maioria das pessoas não sabe é que, durante uma explosão, morrer devido a uma hemorragia nos pulmões também é uma grande preocupação. A morte por "contusão pulmonar" pode ocorrer mesmo que não existam ferimentos no tórax. A pressão da explosão pode ser tão forte que faz os pulmões estourarem como um balão, resultando em graves ferimentos internos. Em Israel, onde os ataques terroristas são muito comuns, alguns hospitais reportaram que mais da metade dos ferimentos graves por conta de uma explosão ocorre assim.

Você Sobreviveu à Explosão Inicial. E Agora?

Novamente, parece impossível, mas é necessário ficar calmo para que seu cérebro possa processar o que está acontecendo e tomar boas decisões. É da natureza humana paralisar, mas, em muitos casos, não fazer nada e ficar em estado de choque pode resultar em morte. Também é importante se lembrar de que, embora seja essencial reagir, sair correndo não é necessariamente a coisa certa a fazer. Primeiro é preciso observar com cuidado as imediações.

Se Estiver Dentro

Você está no trabalho ou talvez em uma loja quando uma bomba explode, e consegue proteção temporária embaixo de uma mesa ou balcão. Qual é o próximo movimento?

O recomendado é sair do prédio depois de aguardar cerca de um minuto, para garantir que não será atingido por escombros. É preciso se mover o mais rápido possível. Se a polícia ou os bombeiros chegarem para ajudar, siga suas instruções. Se não, abra caminho com cuidado pelos destroços até sair. Mas não use o elevador. Pode ser uma tentação usar o celular para pedir ajuda, mas não faça isso. É possível que um sinal elétrico ou faísca de um dispositivo eletrônico possa causar outra explosão. Assim que estiver fora do prédio, afaste-se o mais rápido possível.

Se Estiver em um Local Público: Zero, Cinco, Vinte e Cinco

Você está na rua a caminho de casa, em um evento esportivo ou em um concerto ao ar livre quando ocorre uma explosão. Você sobrevive à explosão inicial e está deitado no chão. O que deve fazer em seguida?

No livro *Spy Secrets That Can Save Your Life*, expliquei sobre a importância de "ficar fora do X", ou seja, fazer o que for preciso para sair do perigo imediatamente. Embora você queira sair do local da explosão, deve agir com muito cuidado antes de sair correndo. A regra básica nessa situação é: *se houve uma bomba, provavelmente haverá mais.* Ninguém deseja correr do local da explosão inicial e acabar sendo atingido por uma segunda bomba. É comum que os terroristas plantem bombas de modo que a primeira explosão tire muitas pessoas de uma área, só para atingi-las quando a segunda explode. Nunca é seguro supor que se está fora de perigo. Presuma que haverá uma segunda explosão, e, se quiser sobreviver, faça exatamente o que os soldados norte-americanos fazem no Iraque.

Zero, Cinco, Vinte e Cinco

Os explosivos improvisados são a causa número um de morte das tropas norte-americanas no Iraque. Para salvar vidas, o Exército adotou uma tática originalmente usada pelas forças britânicas que operavam no norte da Irlanda. A técnica "0, 5, 25" refere-se ao diâmetro do círculo à sua volta a partir do lugar onde se está. A ideia é sempre verificar as imediações antes de fazer um movimento. Olhe para seus pés. Você vê algo que poderia ser um explosivo? E a uma distância de 5 passos? Observe atentamente o espaço em volta. Parece seguro? Se sim, confira uma distância maior, de 25 passos. Há objetos que podem explodir? Uma maleta, mochila ou até um carro estranhamente abandonado? Se não, passe com cuidado pelos destroços e afaste-se do local da bomba.

Se Ficar Preso nos Destroços

As pessoas sobrevivem às explosões, mesmo depois de ficarem presas em destroços. Após a tragédia de 11 de setembro, por milagre uma funcionária da Autoridade Portuária foi encontrada viva depois de ficar embaixo dos escombros por 27 horas. Ela foi localizada por um cão treinado e resgatada em segurança pelos socorristas. Se você sobreviver à explosão, mas ficar preso sob destroços, há algumas coisas que pode fazer para aumentar suas chances de sobreviver e alertar as autoridades de que precisa ser resgatado.

Seus instintos podem lhe dizer para se mover ou tentar sair, mas não faça isso. Você não quer mover os destroços, inalar poeira e sujeira, nem correr o risco de soterrar mais. Suas chances de ficar vivo aumentarão se permanecer calmo, ficar parado e tentar chamar a atenção para si com cuidado. Se puder, cubra a boca com parte de sua roupa. Deve-se evitar que a boca fique cheia de sujeira e poeira, o que dificulta a respiração. Evite gritar, se possível. De novo, você não quer ficar com a boca cheia de detritos. Se houver um cano ou uma parede próxima, bata de modo constante para alertar as equipes de resgate.

TÁTICA Nº 2: AVALIAÇÃO DA AMEAÇA — O QUE É PRECISO SABER SE ESTIVER DIANTE DE UMA PESSOA AMEAÇADORA

O que aconteceu com o fazendeiro e sua família nas proximidades de São Salvador é horrível, e felizmente essas grandes tragédias não acontecem com muita frequência. É óbvio que El Salvador era um lugar muito perigoso para estar durante uma guerra, e por sorte não é o tipo de ambiente onde vivemos. Mas, quando ANGEL contou a PAUL essa história, ele sabia que precisava estar preparado para lidar com uma *ameaça*. Nesse caso, a ameaça vinha de pessoas com raiva, vivendo em um país devastado pela guerra e definitivamente com um comportamento irracional. Pessoas instáveis podem ser muito perigosas e não é preciso algo tão drástico quanto uma guerra civil para causar essa instabilidade. Qualquer crise, como problemas emocionais, financeiros ou doença, pode colocar a pessoa em uma posição na qual se sente instável, muito emotiva e com mais probabilidade de se comportar irracionalmente. Antes de continuar, deixe-me só dizer que se você se sentir realmente ameaçado, o primeiro curso de ação, como sempre, deve ser evitar o conflito, ligar para a polícia e só usar a violência física como último recurso.

Um exemplo famoso de comportamento irracional que a maioria de nós conhece é o disparo realizado por John Hinckley Jr. contra o presidente Ronald Reagan e vários outros em 1981 para impressionar a atriz Jodie Foster. Hinckley enviou uma carta para a Sra. Foster explicando que o que faria (assassinar o presidente dos EUA) era uma expressão de seu amor por ela. Isso é obviamente irracional. Hinckley seguiu Foster até a Universidade Yale, tentou ligar para ela e também escreveu cartas. Após a tentativa de assassinato, ele ainda alegou que o disparo tornou Foster uma das atrizes mais famosas do mundo. É claramente uma distorção da realidade.

O que você faria se uma pessoa em sua vida, por exemplo, um colega de trabalho, ex, alguém na vizinhança, começasse a se comportar de modo irracional? O que se deve fazer se alguém ameaça sua segurança, o assedia ou acusa de fazer algo que não fez? Ao lidar com seres humanos perturbados, em uma zona de guerra, local de trabalho ou até na vizinhança, é importante lembrar que sua tomada de decisão se torna mais emocional que racional. Mas há algumas diretrizes que poderá seguir para ficar mais seguro.

Avaliando o Nível de Ameaça

A Ameaça Pode Realmente Atingi-lo?

Antes de ficar completamente em pânico e fazer algo drástico como mudar de identidade ou desaparecer do radar (explico esse processo em detalhes no livro *Spy Secrets That Can Save Your Life* e também mostro por que é difícil fazê-lo, devendo ser usado apenas como um último recurso), é preciso determinar seu nível de ameaça. A pessoa pode alcançar você? Ou você pode se afastar dela? Meu sócio na empresa de segurança (www.GPIagents.com — conteúdo em inglês) trabalhava com um grupo de pessoas que ajudava jovens mulheres a escapar de traficantes de crianças. Elas se sentiam ameaçadas pelos traficantes e, claro, queriam manter as meninas seguras, então as escondiam no porão. Quando meu colega as pressionou para obter mais informações sobre a ameaça, descobriu que os traficantes estavam localizados a cinco estados de distância. Ele percebeu que, embora as meninas estivessem escondidas no porão, as pessoas não protegiam seu perímetro corretamente. Elas não trancavam as portas e os portões, nem usavam um sistema de segurança. Nesse caso, ele sentiu que era improvável que a ameaça pudesse atingir as meninas, portanto era desnecessário escondê-las, mas era necessário continuar tomando boas medidas de segurança e isso significava trancar portas, janelas e portões, e instalar um sistema de alarme para proteger o local.

Você Está Sendo Ameaçado por uma Pessoa?

Se estiver sujeito a um comportamento irracional, foi ameaçado ou assediado, precisa determinar quais informações básicas tem sobre a pessoa em questão.

- Quem é ela? Você a conhece? É um colega de trabalho, ex, alguém que mora em sua área?
- O que ela faz? Onde trabalha?
- Onde está localizada? Está próxima ou há uma boa distância entre vocês?
- Qual é seu estado emocional? Ela está confusa por causa de uma morte, divórcio, perda do emprego ou doença? É possível que ela sinta que não tem nada a perder? Você deve lembrar que as pessoas que se sentem assim podem ser perigosas e levar seu comportamento ao extremo.

Depois de responder a essas perguntas, é preciso observar algumas coisas. Primeiro, se a ameaça é local, é necessário ficar em alerta (há dicas de medidas a serem tomadas no final deste capítulo). Se a ameaça não é local, não se preocupe com algo que provavelmente não acontecerá. Por exemplo, se a pessoa que o ameaça está do outro lado do país, é pouco provável que você precise se preocupar com ela na sua porta. Se ainda tem contato com essa pessoa, *interrompa-o imediatamente.* Você também deve pedir que os membros da família parem de contatá-la. Documente todas as informações e entregue às autoridades. Além de responder às perguntas acima, tenha registros claros de cada momento em que a pessoa entrou em contato. Isso inclui visitas, ligações, mensagens e e-mails. Recomendo manter um diário das ocorrências, incluindo datas, horários e outras informações detalhadas que possam ajudar a polícia a impedir o perseguidor.

Também é importante salientar que você não tem que perdoar um comportamento irracional porque alguém está lidando com circunstâncias difíceis; não ignore isso. Um comportamento desequilibrado nunca deve ser ignorado simplesmente porque uma pessoa perdeu o emprego ou lida com um divórcio.

Você Está Sendo Ameaçado por um Grupo?

Às vezes, é um grupo ou uma organização que faz a ameaça. Por exemplo, talvez você seja um alvo por estar em uma posição de autoridade e ter tomado uma decisão que não foi bem aceita. Ou talvez uma organização à qual está ligado discorda de seus pontos de vista e você está sendo assediado. Seja qual for a situação, é preciso determinar algumas informações básicas sobre o grupo específico com o qual tem problemas.

- Qual o tamanho do grupo? São algumas pessoas locais ou uma grande organização com divisões em âmbito nacional?
- Qual é a dinâmica do grupo? É pacífico? Tem um histórico de atos violentos?
- Você tem um aliado no grupo?
- Quem é a principal pessoa e qual é a sua posição? É um líder da divisão local que está ameaçando-o? Por que essa pessoa o escolheu como alvo?

- O que faz a organização? É uma gangue de motoqueiros com ficha criminal? A visão dela é extremista? É uma seita? Se há um elemento radical, saiba que simplesmente não é possível ponderar nem argumentar com ele. Você não vencerá.
- É uma instituição religiosa ou cultural?

Você não deve se aproximar do grupo que o incomoda se sente que corre perigo fisicamente; mais uma vez, esse trabalho é da polícia. Mas se não achar que o grupo é uma ameaça real à sua vida e sente que pode adotar uma abordagem proativa para resolver o problema muitas vezes este é um modo eficiente de lidar com a situação. Apenas lembre-se: oposição gera mais oposição. Você não deseja criar mais oponentes, e é exatamente o que acontecerá se abordar o grupo e se comportar de modo hostil ou agressivo. Não visite o grupo pessoalmente, ameaçando fazer mal caso não o deixe em paz. Não contrarie mais o grupo fazendo comentários negativos sobre ele em redes sociais ou outros canais públicos. Isso só piorará a situação e possivelmente a deixará mais perigosa. Em vez disso, mantenha um registro bem detalhado, anotando com cuidado as ocorrências de cada assédio ou ameaça do grupo, e passe para a polícia com as informações das perguntas anteriores.

Oposição gera mais oposição.

Estou Enfrentando uma Ameaça. E Agora?

Se está enfrentando uma ameaça individual ou de grupo, é preciso aumentar sua consciência pessoal. No livro *Spy Secrets That Can Save Your Life*, expliquei a importância de entender e implementar a consciência situacional e o código de cores de Cooper. Nesse caso, você precisaria aumentar seu nível de consciência situacional para Laranja, o que significa que está em alerta para um provável perigo e preparado para agir. Você não deseja entrar no modo Vermelho, ou de ação. Nosso cérebro não consegue funcionar em um estado Vermelho por um longo período de tempo. É preciso deixar que ele processe os pensamentos rápidos e lentos, e isso não acontece no Vermelho.

Lembre-se Sempre: MAIS CONSCIÊNCIA = MAIS DILIGÊNCIA = MAIS INTIMIDAÇÃO

- Aumente a comunicação: avise seus familiares sobre o que está acontecendo. Mantenha-os a par de seus planos; informe-os aonde vai, como chegará lá e quando pretende voltar.
- Informe a polícia e tenha um registro preciso de todas as ameaças: e-mails, ligações, ataques pessoais em público e cartas ameaçadoras.
- Aumente o conhecimento de sua comunidade e imediações. Observe pessoas estranhas e veículos desconhecidos. Preste atenção a qualquer estranho que esteja rondando por aí.
- Ouça seus filhos. As crianças são muito observadoras. Se seu filho percebe que alguém que está próximo tem uma arma, preste atenção e saia do local imediatamente.

- Mude a rotina. Não seja um alvo fácil. Pegue caminhos diferentes para ir ao trabalho e saia de casa em horários distintos. Faça compras em um mercado diferente. Sempre preste atenção às pessoas que podem estar seguindo-o e nunca dirija direto para casa se esse for o caso. Lembre-se de como os espiões executam uma RDV (rota de detecção de vigilância) e como você pode fazer o mesmo.
- Seja precavido. Sempre tranque portas e janelas, e verifique se o sistema de alarme está ligado o tempo todo. Ative-o quando sair *e* quando estiver em casa.

ENCONTROS DE ESPIÕES: STEPHEN
SOBREVIVI PORQUE APRENDI COM OS VETERANOS

Parecia que um dia eu era um aluno indo para a aula, estudando para as provas e, no outro, fui jogado no meio da selva, onde acontecia uma guerra. Meu trabalho era fornecer informações diárias aos superiores para que decisões fundamentadas pudessem ser tomadas para designar alvos.

Fui recrutado na faculdade para ser um agente de operações no exterior. Foi necessário um ano e meio de entrevistas antes da minha contratação oficial. Eu era o que é conhecido como "marca azul", o nível mais alto de classificação de segurança do Governo dos EUA, estabelecido pelo diretor da CIA. Basicamente, significava que trabalhávamos com as informações mais confidenciais. Todos os nossos documentos tinham uma marca azul em torno das bordas, sinalizando sua importância e sigilo.

Toda situação para a qual pessoas como nós são enviadas é diferente e eu acho que sobrevivi à guerra na selva porque os veteranos me ensinaram tudo. Eles sabiam o que estavam fazendo e com o que ter cuidado. Era muito perigoso, nossas condições eram limitadas e tínhamos que estar preparados para nos defender o tempo todo. Só o fato de estar no local já era um risco à própria vida.

A primeira coisa que me informaram era que poderíamos ser atingidos por balas a cada segundo, então prestei atenção quando os caras que tinham estado lá por um tempo me disseram o que fazer. Eles falaram que, se houvesse tiro de morteiro, era preciso supor que haveria mais de um. Depois do primeiro tiro, era necessário ter cuidado, pois era fácil correr direto para o local onde o próximo tiro atingiria. Fora isso, o conselho era simples. Se o morteiro disparar atrás de você, vá para frente. Se disparar à esquerda, vá para a direita.

Havia milhões de minas por lá e sempre era preciso ter cuidado com onde pisar. Uma das coisas mais difíceis que ouvi foi que, se você visse um grupo de crianças brincando com uma granada não detonada, tinha que correr. Infelizmente, não havia tempo de avisá-las, você explodiria com elas. Se não tivesse aprendido com os caras que tinham estado lá mais tempo que eu, teria sido morto. Um dia, enquanto caminhava, estava prestes a pisar em uma caixa quando ouvi alguém gritar: "Não! Cuidado!" Era uma caixa inteira com minas não detonadas. Isso teria me custado a vida. Essa experiência me ensinou a sempre prestar atenção às pessoas que estão na área há mais tempo. Elas sabem coisas sobre o lugar que podem salvar sua vida. Nunca aja como se soubesse tudo. Fique alerta, ouça e aprenda.

Sempre preste atenção às pessoas que estão na área há mais tempo.

CAPÍTULO CINCO

ROUBANDO UM HOLOGRAMA ULTRASSECRETO DOS RUSSOS

Como Levar Alguém a Fazer o que Você Quer

MISSÃO: Determinar a natureza dos materiais usados nos hologramas localizados dentro dos sistemas avançados de orientação de mísseis desenvolvidos pelos antigos países do Pacto de Varsóvia e pela União Soviética. Confirmar se os hologramas são feitos de gelatina dicromada ou halogeneto de prata mais avançado.

PARTICIPANTES: Agente Jacob Michaelson, experiente em persuadir e agora referido como JOHN.

Joon Yang, agora referido com o apelido/criptografia HECTOR.

Vi a missão e mal pude acreditar no que estava lendo. As informações sugeriam que a União Soviética tinha desenvolvido o sistema de orientação de míssil mais preciso até o momento. Era possível prever onde cairia um míssil, com uma margem de erro de 50 metros, o que dava aos soviéticos uma grande vantagem em relação aos EUA. Se quiséssemos manter os EUA seguros, precisávamos descobrir como eles faziam isso e o tempo era essencial. Os EUA tinham apenas uma pequena informação a mais: suspeitava-se de que a precisão tinha alguma relação com o holograma inserido no interior dele. Os hologramas são feitos de halogeneto de prata ou de gelatina dicromada, quando muito sofisticados. Minha missão era descobrir o tipo de holograma que os soviéticos usavam. Se eu conseguisse essa informação, seria um passo importante para ajudar os EUA a descobrirem como funcionava o sistema.

Eu não tinha muita informação para avançar. Comecei analisando a pesquisa feita nos laboratórios de engenharia no mundo inteiro para saber se poderia encontrar alguém que pudesse estar ligado ao sistema de orientação de míssil soviético. Descobri um laboratório em Seul, Coreia do Sul, que trabalhava com halogeneto de prata e gelatina dicromada. Senti aquele tremor familiar de entusiasmo que me dizia estar no caminho certo. Se esse laboratório trabalhava com hologramas, era possível que os soviéticos estivessem usando sua pesquisa. Agora a parte difícil. Seria preciso criar um disfarce, ir para a Coreia, encontrar alguém diretamente envolvido na pesquisa, fazer amizade, ganhar a confiança e fazer a pessoa contar seus segredos, o que era um grande risco à sua segurança pessoal. É um processo delicado que pode levar meses ou até anos, mas eu não tinha esse tempo. Quanto mais demorasse para entender como funcionava o sistema de orientação de míssil, mais os EUA estariam em perigo.

UMA VIDA PARALELA À VERDADE

Sempre crio meu próprio disfarce; nunca deixo que outra pessoa faça isso. Sou espião, mas também tenho conhecimento de física. Esse conhecimento me ajuda muito quando tento recrutar um alvo em potencial. Posso discutir sobre o trabalho dele com inteligência e fazer as perguntas certas. É por isso que monto um disfarce que é paralelo à minha própria vida. Isso ajuda a me comportar de modo natural, o que é essencial ao recrutar alguém. Fingir ser algo totalmente fora de seu domínio é um desastre certo. Não direi que sou piloto, pois se alguém me fizer uma pergunta errada sobre como pilotar um avião meu disfarce será descoberto imediatamente. Direi que sou pesquisador de uma empresa de engenharia nos EUA; o básico. Também gosto de considerar cada aspecto da minha vida como se fosse essa nova pessoa, e sempre verifico se sei como responder a certas perguntas:

O que ele considera interessante?

Quem ele precisará impressionar?

Quais assuntos ele deve conhecer bem?

Como ele fala?

Que tipo de gestos ele faz?

Como penteia seu cabelo?

Que tipo de sapato ele usa?

O que ele come?

Pode parecer radical, mas para eu ficar pronto para me infiltrar é como me transformar em um vampiro imaginário. Se é feito do modo certo, você se transforma lentamente, mas com segurança, em outra criatura. Não quero sair em campo até realmente acreditar que sou essa pessoa. Se isso acontecer, sei que terei sucesso. Do contrário, cedo ou tarde, cometerei um erro e serei pego. Se possível, testo meu novo disfarce em um detector de mentiras. Se conseguir responder às perguntas como minha nova personalidade, sei que estou pronto para qualquer coisa.

FERRAMENTA FAVORITA DO ESPIÃO: UMA HISTÓRIA QUE PODE VENCER O DETECTOR DE MENTIRAS

Vencer um detector de mentiras nem sempre é fácil, e não estou sugerindo que uma pessoa comum o faça. É muito difícil. Mas todo técnico experiente dirá que pode fazer qualquer pessoa falhar no detector. Embora seja verdade, também significa que a pessoa sendo testada pode manipular o aparelho. Há basicamente duas categorias de pessoas que podem vencer o detector:

1. Psicopatas e mentirosos patológicos que também são criminosos experientes.
2. Um agente treinado e experiente que passou, pelo menos, dez anos trabalhando em uma história de disfarce. Essa pessoa estaria conduzindo operações no exterior por longas décadas, vivendo cada dia em seu disfarce. Não estou falando de dias ou semanas, mas de meses ou anos.

Costumava trabalhar com seis a dez diferentes histórias de disfarce e criei todas elas sozinho. Tive sucesso ao me tornar uma pessoa diferente em cada caso, ainda que minimamente. Agora, com base nisso, suponha que uma dessas histórias seja de um indivíduo puro, bondoso e inocente que nunca fez nada realmente errado em toda sua vida. Se você realmente viver essa história, vencerá o detector. Passará em toda pergunta feita. De novo, *não é* fácil. A maioria das pessoas não consegue, mas um espião com experiência em operações com disfarce, sim.

ENCONTRO COM HECTOR

PERSONALIDADE:

NOME/CRIPTOGRAFIA: HECTOR

IDADE: 44

ALTURA/PESO: 1,70m, 59kg

CABELO: Preto, curto, arrumado

ÓCULOS: Sim

PERSONALIDADE/COMPORTAMENTO/ATRIBUTOS: Sociável, dinâmico, muito popular, sobretudo com alunos, gosta de socializar com os alunos regularmente, gasta dinheiro. Gosta da atenção deles. Usa ternos bem cortados e tem um relógio de pulso caro.

NACIONALIDADE/PAÍS: Coreano

IDIOMAS FALADOS: Coreano, japonês, inglês

ATIVIDADES: Socializar, beber, ficar fora até tarde regularmente

FAMÍLIA: Esposa XXXXX (35), filha XXXXXXXX (17), filha XXXX (14)

ENDEREÇO: XXX, XXX, XXXX, Seul, Coreia do Sul

TELEFONE: XXX-XXX-XXXX

As pistas do trabalho de desenvolvimento me indicaram HECTOR. Ele era um professor querido e pesquisador que trabalhava com hologramas em um laboratório de engenharia. Muitos de seus alunos aguardavam com paciência após a aula para falar com ele sobre seu trabalho. Era comum que essas conversas continuassem em um café local ou restaurante. Os alunos estavam sempre querendo compartilhar uma refeição com o professor, e esses jantares geralmente incluíam muita bebida, indo até tarde da noite. A tradição na comunidade acadêmica era que o professor sempre pagava a conta. Era inédito quando os alunos pagavam. Após horas bebendo e comendo, é possível imaginar que as contas eram bem altas. Como pesquisador e professor, provavelmente HECTOR ganhava o suficiente, mas estava longe de ser rico. Ele gastava muito tempo, e possivelmente uma boa parte de seu salário, se divertindo com os alunos. Achei que HECTOR gostaria de sair pelo menos uma vez com alguém que pagasse.

A APRESENTAÇÃO

DATA, HORA E LOCAL DE CONTATO: 24 de junho de 19XX, 20h, Restaurante XXXXXX, Seul, Coreia do Sul.

Após sua aula da tarde, havia um período em que HECTOR ficava sozinho em seu escritório. Eu teria cerca de 10 ou 20 minutos antes que os alunos entrassem, portanto tinha que causar uma impressão muito boa rápido. Expliquei que trabalhava para uma empresa de engenharia nos EUA e gostaríamos de ficar atualizados sobre pesquisas feitas no mundo inteiro. Fiz algumas perguntas preparadas com cuidado sobre o trabalho de HECTOR para que ele pudesse ver que eu estava a par do assunto. Ficou claro que ele adorou falar sobre sua pesquisa. Enquanto me contava sobre um projeto recente, eu examinava sutilmente tudo no escritório, procurando pistas sobre sua personalidade e interesses. Vi que tinha livros de arte misturados a documentos acadêmicos. Anotei mentalmente para pesquisar sobre os artistas. Quando vi que os alunos estavam começando a aparecer no escritório, eu o convidei para jantar. "Professor, adoraria continuar essa conversa, mas vejo que tem outras coisas para fazer agora. Poderíamos discutir mais sobre isso no jantar? Estou disponível hoje à noite se puder." Descobri alguns dos melhores restaurantes na área ao espreitar o local e sugeri uma churrascaria cara e um restaurante francês tradicional. Estava confiante em minha capacidade de conseguir esse primeiro encontro e, supondo que ele diria sim, fiz reservas nos dois. Foi bom, pois HECTOR concordou em me encontrar. Minha operação começou bem.

PENSE COMO UM ESPIÃO: ANTECIPE

JOHN sabia que parte da isca para fazer HECTOR jantar com ele naquela noite era a sugestão de comer em um restaurante respeitado e caro. JOHN antecipou que HECTOR diria sim e fez reservas nos restaurantes com antecedência. Se HECTOR tivesse concordado em jantar e JOHN descobrisse que era impossível conseguir uma mesa, teria prejudicado bastante suas chances de desenvolver a confiança dele. Sempre antecipe os prováveis resultados e prepare-se para cada um.

O PRIMEIRO ENCONTRO E, SE TUDO CORRER BEM, UM SEGUNDO

DATA, HORA E LOCAL DE CONTATO: 24 de junho de 19XX, 20h, Restaurante XXXXXX, Seul, Coreia do Sul.

O restaurante que escolhi era extravagante e elegante; certamente causaria uma impressão em HECTOR. Não poupei despesas e pedi uma garrafa de vinho cara, vieiras, lagosta, pato, sobremesas e mais vinho. Um espião tem alguns objetivos no primeiro encontro. Eu queria desenvolver uma boa ligação com HECTOR; queria que ele gostasse de mim e ficasse confortável comigo. Quis criar um sentimento de obrigação, para que ele sentisse que precisava me ver de novo. E, o mais importante, eu precisava sair com outro encontro já combinado. Fiz muitas perguntas sobre o trabalho dele. Obviamente, fiz HECTOR se sentir importante ao falar sobre sua pesquisa. Também comecei a reunir alguns detalhes sobre o trabalho que ele fazia. Estava muito ansioso para descobrir com qual tipo de holograma ele trabalhava e *com quem* trabalhava. Ele mencionou um pesquisador cujo nome parecia húngaro; certamente promissor. Memorizei o nome e o passaria para o analista do caso ver o que mais poderia ser descoberto sobre o cara.

Conversamos sobre seus interesses e arte também (eu tinha pesquisado sobre os livros que vi no escritório de HECTOR). Parecia que éramos dois sócios em potencial se conhecendo, mas eu observava com cuidado o professor. O que o motivava? Quais eram suas vulnerabilidades? O que o estimulava? Vi que eu estava certo sobre HECTOR gostar de boa comida, sobretudo quando outra pessoa estava pagando. Ele elogiou os pratos e pareceu conhecer sobre vinho. Também descobri que ele tinha uma filha que queria frequentar uma faculdade de elite para mulheres nos EUA. HECTOR disse que seria bem visto em sua família se a filha pudesse ir para uma universidade de prestígio. Era certamente uma informação que eu poderia usar a meu favor.

No final da longa refeição, mais de três horas, expliquei que minha empresa nos EUA tinha me dado grandes subsídios para levar "pesquisadores importantes" para jantar, enfatizando que eu considerava HECTOR *importante*. Paguei a conta e mencionei casualmente que havia uma ótima churrascaria que estava ansioso para experimentar se ele quisesse ir comigo. Sem deixar passar outra refeição gratuita incrível, ou uma oportunidade de falar sobre sua pesquisa, o professor concordou de imediato. Era um bom sinal. Por experiência eu sabia que, se pudesse ter um segundo encontro, finalmente conseguiria o que precisava do alvo.

AFINIDADE/ACESSIBILIDADE/SUSCETIBILIDADE

Durante um encontro combinado no Restaurante XXXXXX em Seul, Coreia do Sul, o agente disse a HECTOR que trabalhava para uma empresa de engenharia nos EUA que buscava trocar informações e que ele tinha subsídios para jantar com pessoas que faziam pesquisas interessantes. HECTOR gosta de boa comida e vinho, embora seja possível que não possa pagar. Também gosta de falar muito sobre sua pesquisa. Ele parece gostar de se sentir importante e reage bem à bajulação. Ele mencionou várias viagens que fez para a Hungria e a União Soviética por conta das pesquisas. Tem uma filha com idade para entrar na faculdade e que deseja ir para uma universidade de elite nos EUA. HECTOR acha que seria uma grande honra para a família ter uma filha em tal instituição de prestígio.

INÍCIO DO RECRUTAMENTO

DATA, HORA E LOCAL DE CONTATO: 15 de agosto de 19XX, 20h, Restaurante XXXXXX XXX, Seul, Coreia do Sul

O analista me disse que a informação que passei sobre o pesquisador húngaro tinha "valor". HECTOR podia ser a conexão que estávamos procurando, e eu precisava continuar trabalhando com ele. Por sorte, eu tinha a isca perfeita e estava planejando usá-la com bifes muito caros no jantar daquela noite.

"Por acaso, lembrei que tenho um amigo que é professor na Faculdade XXXXX. Não é onde sua filha deseja estudar? Talvez eu pudesse fazer uma ligação em seu nome?"

Consegui a reação que esperava. Os olhos do professor brilharam na hora. A verdade era que eu não conhecia ninguém na Faculdade XXXXX e os caras lá nos EUA estavam tentando conseguir isso. Mas não importava no momento. Eu tinha oferecido a HECTOR algo irresistível, e isso o faria continuar. Com sorte, saber que eu tinha uma conexão com a faculdade onde sua filha queria estudar o encorajaria a me dar informações até mais valiosas. Ganhar a confiança dele agora era uma questão de tempo.

Nos meses seguintes, continuamos a compartilhar refeições. Nossas conversas se aprofundaram e um vínculo real começou a se desenvolver. Eu não acredito na sedução pela sedução. Você não pode simplesmente usar as pessoas. Se não se importar com seu recruta de alguma forma, você não terá sucesso. Não conseguirá obter a informação necessária. Aprendi mais sobre a pesquisa de HECTOR durante esse tempo também. Como suspeitei desde o início, ele vinha fazendo um trabalho com os engenheiros húngaros. Também parecia muito provável que os húngaros estivessem compartilhando a pesquisa com os soviéticos. Todas essas informações foram classificadas como "valiosas". Logo a papelada chegou. Isso significava que eu poderia começar a pagar HECTOR por suas informações, tornando-o um verdadeiro espião para o governo norte-americano. Na próxima vez que nos encontramos, disse a HECTOR que tinha notícias muito boas. As informações que ele estava compartilhando eram tão valiosas que conseguiria lhe dar uma taxa de consultoria. "O trabalho que você faz é *tão importante* que merece mesmo esse dinheiro." O professor ficou contente de imediato. Além de jantares luxuosos, o professor adorava receber dinheiro extra. Mas eu sabia que muito em breve precisaria lhe dizer a verdade; como ele se sentiria?

COMO A INFORMAÇÃO É CLASSIFICADA

As informações coletadas pelos agentes estão sujeitas a um sistema de classificação muito específico. Observe que são as informações, não a fonte, que recebem classificação. A vida de um agente é baseada no valor das informações obtidas. Por sua vez, esse valor dá credibilidade à fonte.

- Sem valor: Nada pode ser conseguido com a informação. Ela é inútil.
- Pouco valor: Há uma pequena informação, porém muito mais precisa ser coletado.

- De valor: Grande parte da informação que os agentes coletam fica nesta categoria. A informação de valor é suficiente para prosseguir com a operação; ainda se consegue dinheiro para a operação e para pagar a fonte. No mundo da CIA, equivale a uma nota 8, e você sempre quer tirar mais que isso. Sempre é uma boa ideia conhecer o analista com quem se trabalha, mas, quando se obtém uma informação "de valor", isso é muito importante. Um analista pode considerar sua informação "de valor", mas informar por canais alternativos que é realmente de "pouco valor" e lhe dizer o que você precisa fazer para subir de nível. Seu analista faria isso para que você possa continuar e melhorar. O analista pode pedir que venha vê-lo para que possa explicar o que está acontecendo... ou pode ter ideias sobre quem você deve contatar. Às vezes, você acabará com uma "operação avançada". É quando leva o analista com você e ele pode conhecer a fonte com quem está trabalhando.
- Alto valor: São informações boas e realmente fazem os tomadores de decisão considerarem mudar a política, mas não são suficientes para realmente mudá-la.
- De maior significância: É o que todo agente deseja obter. Esse tipo de informação é muitíssimo importante e, como resultado, muda a política dos EUA em relação a outro país. Conseguir uma "de maior sig" o torna muito conhecido no mundo das operações e você recebe um belo bônus para cada maior significância obtida.

A GRANDE REVELAÇÃO

DATA, HORA E LOCAL DE CONTATO: 12 de outubro de 19XX, 20h, Restaurante XXX XXXX, Seul, Coreia do Sul.

As coisas continuavam melhorando para HECTOR. Ele estava muito empolgado quando apareceu no nosso próximo encontro com grandes notícias. Sua filha tinha sido aceita na Faculdade XXXXX. HECTOR estava muito agradecido por eu ter usado minha influência para ajudar, mas eu estava aliviado pelas pessoas nos EUA terem conseguido mexer os pauzinhos. Estava obtendo boas informações com HECTOR e queria continuar assim. Ajudar sua filha a entrar na faculdade com certeza contribuiria. Comecei a sentir que nossa relação estava atingindo um ponto crítico. Em quase toda operação há um momento em que se pode dizer que o recruta tem uma ideia clara do real motivo de estar sendo pago pelas informações e que a misteriosa empresa norte-americana era, na verdade, o Governo dos EUA. Ele só precisava ouvir a verdade, e era o que eu faria. Chamo isso de "momento da grande revelação". Minha intuição costuma dizer o momento certo da grande relevação. Tento não dar muita importância a isso. Em geral apenas entrego a "taxa de consultoria" e digo algo como: "É muito bom ser um espião, não é?" Recebo a mesma resposta quase sempre... "Eu gosto, é muito emocionante." É incrível ver quantas pessoas comuns adoram espionar. Agora que tudo estava claro e HECTOR estava "ciente", eu poderia lhe fazer solicitações diretas para obter informações ou "designar tarefas". Também podia instruir HECTOR antes de suas viagens para a Hungria e interrogá-lo quando voltasse.

ÓTIMAS NOTÍCIAS, UM QUASE ACIDENTE E UM TERNO ARRUINADO

DATA, HORA E LOCAL DO CONTATO: 3 de dezembro de 19XX, 19h, Restaurante XXXX XX, Seul, Coreia do Sul

Certa noite, eu interrogava HECTOR sobre sua última viagem para a Hungria quando descobri algo interessante. Ele disse que um pesquisador húngaro queria lhe mostrar algo. HECTOR ficou surpreso quando o homem o levou até uma caixa de vidro que guardava um holograma. *O* holograma — o mesmo sobre o qual o governo norte-americano estava desesperado para ter informações. Ele estava lá, em um laboratório na Hungria. Era uma ótima notícia, e eu fiquei muito ansioso para contatar o analista nos EUA.

Sempre executo a RDV quando volto de um encontro. Faltavam alguns quarteirões quando percebi o som de passos atrás de mim. Era tarde da noite e normalmente as ruas lotadas de Seul tinham menos pessoas. O som ficou mais próximo, então dei uma volta para poder olhar para trás. Havia três caras andando atrás de mim. Atravessei a rua e eles ficaram do outro lado. Como estou sempre espreitando, conhecia uma rota alternativa e decidi virar na próxima rua. Cerca de um quarteirão depois, os caras voltaram e ficaram bem atrás de mim. Agora eu sabia que seria assaltado ou, pior, preso por ser espião. Tinha que escapar. Você nunca quer brigar com três caras de uma vez se não precisa. Comecei a andar rapidamente em outra direção, mas um deles começou a correr atrás de mim. Passei a correr na direção do Rio Han e ele ainda estava atrás de mim. Mas não esperava o que fiz em seguida. Pulei no rio. Estava muito escuro e eu me movimentava pela água o mais suave possível. O cara não conseguia me ver. Eu esperava que ele desistisse.

Por fim, ouvi passos se afastando. Ele foi embora. Com paciência, avancei pela água e, quando achei que estava seguro, encontrei um lugar para subir. Eu estava molhado, com frio e tinha arruinado meu melhor terno. Mas sabia que isso não importava. Ainda estava vivo e não tinha comprometido a operação.

DICA BÔNUS

Você deve evitar uma luta se puder, mas às vezes esta não é uma opção. É por isso que precisa conhecer táticas importantes de autodefesa.

A GRANDE VIRADA

O analista ficou tão empolgado quanto eu sobre a nova informação que HECTOR me deu sobre o holograma. Poderia ser a grande chance que estávamos procurando. Mas o analista queria algo mais, e seria difícil e perigoso conseguir. Ele queria que HECTOR e eu descobríssemos como pegar o holograma real para que os EUA pudessem analisá-lo. Se fizéssemos isso, a informação seria considerada de "maior significância", ou seja, a maior classificação que um agente secreto pode conseguir. A ideia era enviar o holograma para os EUA, com o intuito de os cientistas pegarem uma amostra para análise. Eu queria pegar o holograma, mas também sabia que colocaria HECTOR em uma posição muito perigosa. E se os húngaros vissem que foi retirada uma amostra? E se ele fosse perdido ou danificado? Ou eles descobrissem que havia sumido? Se algo acontecesse com o holograma, HECTOR muito provavelmente seria morto. O analista me assegurou que a amostra seria minúscula; apenas os microscópios mais poderosos do mundo conseguiriam notar. Quando disse a HECTOR o que os EUA queriam que fizéssemos, ele se dispôs a participar. Ele sentia que o mundo estaria mais seguro se os norte-americanos pudessem descobrir como funcionava o sistema de detecção de mísseis soviético.

Nosso próximo passo era convencer os húngaros de que HECTOR deveria ficar com o holograma por um tempo. Ele simplesmente disse aos colegas húngaros que gostaria de pegar emprestado para fazer pesquisas e que ter o holograma seria uma experiência de aprendizado muito útil para seus alunos. Ficamos aliviados quando os húngaros concordaram. Mas ficamos nervosos também. Pegar uma amostra do holograma era uma grande operação que envolvia quase cem pessoas da inteligência dos EUA. Os agentes secretos norte-americanos se vestiram como professores visitantes que tinham uma "reunião" com HECTOR em seu laboratório. Dentro das pastas havia materiais especiais para embalar com segurança o holograma e transportá-lo para os EUA. Nesse ínterim, um *Concorde* era abastecido, preparando-se para levar o holograma para a base secreta da Força Aérea nos EUA. Muita coisa poderia dar errado. Os húngaros ou a KGB poderiam saber o que estávamos fazendo. O holograma poderia ser danificado, algo poderia acontecer com o avião. A lista era infinita e nos preparamos do melhor modo para cada possibilidade. Tínhamos que lembrar que, se algo desse errado, a vida de HECTOR estaria em risco. Eu sabia que não poderia respirar aliviado até que o holograma estivesse de novo no escritório de HECTOR, intacto.

De algum modo, por milagre, tudo correu exatamente como o planejado. O holograma foi para os EUA, onde especialistas conseguiram pegar uma amostra microscópica para análise. O holograma foi embalado, colocado de volta no *Concorde* e estava em exposição no laboratório de HECTOR 24 horas depois. Ninguém imaginava que o holograma tinha viajado para os EUA e jamais soube que o tal pesquisador coreano educado tinha coletado grandes segredos para o governo norte-americano.

SEU ESPIÃO INTERIOR

A Arte de Extrair Informações: Quem Você Quer Recrutar?

A maioria dos espiões estrangeiros é recrutada porque tem acesso ou conhecimento que o governo deseja ou porque pode entrar e sair de certas áreas sem levantar suspeita. Por exemplo, a cantora de jazz Josephine Baker era muito popular na Europa quando a Segunda Guerra Mundial começou, e ela conseguia contrabandear mensagens escritas com tinta invisível para os simpatizantes do Eixo em suas partituras de música. O famoso dramaturgo Noël Coward usava seu acesso aos norte-americanos ricos e poderosos para passar informações ultrassecretas para o presidente Roosevelt. Não é preciso ser uma celebridade para ser espião; nos anos 1980, uma secretária que trabalhava para o presidente da Alemanha Ocidental foi presa quando foi descoberta espionando para a Alemanha Oriental. Professores de faculdade, engenheiros e até secretárias podem ter acesso a informações valiosas que possam interessar a um governo estrangeiro.

O cidadão comum provavelmente não será recrutado como espião. Mas muitas vezes precisamos nos aliar a alguém do mundo real —seja nos negócios, um vizinho ou alguém na escola de seu filho —, e entender o processo pode tornar seus esforços muito mais bem-sucedidos.

TÁTICA Nº 1: A PRIMEIRA IMPRESSÃO É TUDO — DESENVOLVA UMA BOA LIGAÇÃO

JOHN não entrou sem ser convidado no escritório de HECTOR para se apresentar no dia em que chegou. A observação é importante, e ele notou o máximo que pôde os hábitos gerais e o comportamento de HECTOR antes de se apresentar. O que motiva esse cara? Quais são suas vulnerabilidades? Qualquer agente secreto sabe que a apresentação é um grande momento e não pode estragar tudo. O objetivo é se mostrar como uma pessoa interessante o bastante para conseguir marcar o "primeiro encontro". JOHN sabia que teria apenas alguns minutos para impressionar HECTOR, o suficiente para ele querer sair para jantar. JOHN sabia exatamente o que perguntar sobre a pesquisa de HECTOR, conversou um pouco sobre bons restaurantes e até mencionou que sabia como era ter filhos com idade para ir à faculdade. Tudo que JOHN fez nessa apresentação foi com a intenção de preparar outro encontro.

No mundo da CIA, uma boa ligação faz muita diferença. Se você não tiver uma boa ligação com alguém logo de cara, não conseguirá recrutar a pessoa nem extrair informações dela. É essencial parecer simpático *imediatamente*. O sujeito tem que se conectar com você e sentir interesse em passar um tempo na sua companhia. É outro erro cometido por Hollywood. Se você quer alguém do seu lado, não sente do outro lado da mesa berrando, xingando e batendo com os punhos. Isso seria um interrogatório e não funcionará quando se espera recrutar alguém. Ao estabelecer ligação com um recruta em potencial, é importante evitar os seguintes comportamentos.

Comportamentos que Prejudicam a Ligação

- Não pareça um juiz. Evite afirmações como: "Não entendi por que você faria ou pensaria isso."
- Evite dar conselhos. O que as pessoas querem é aprovação. Diga algo como "Esta foi uma atitude inteligente" em vez de "Você deveria fazer assim".
- Não seja a pessoa que precisa ganhar a discussão; deixe o alvo vencer.
- Não seja superior. Se o alvo o informa seu maior sucesso de vendas, não venha com uma história sobre como você realmente vendeu mais.
- Evite interromper o alvo quando ele está falando.
- Nunca diminua o status ou a profissão dele.
- Nunca termine as frases para ele.

TÁTICA Nº 2: USE "ARMAS DE INFLUÊNCIA EM MASSA" OU RAECAA — RECIPROCIDADE, AUTORIDADE, ESCASSEZ, COERÊNCIA (TAMBÉM COMPROMETIMENTO), AFEIÇÃO E APROVAÇÃO SOCIAL

Os seres humanos são complicados. Como não existe um método infalível para recrutar e extrair informações, os agentes secretos usam o RAECAA, as seis "armas de influência em massa" criadas pelo psicólogo Robert Cialdini. A ideia aqui é que, como somos constantemente bombardeados por diferentes visões, sons, cheiros, nossos cérebros desenvolveram alguns "padrões de comportamento com ação fixa". Isso significa que, quando encontramos uma situação específica, nossa tendência é reagir de certo modo. Se fôssemos analisar sempre os estímulos, nossos cérebros paralisariam e não conseguiríamos funcionar. Esses padrões nos ajudam a reagir ao que acontece à nossa volta. Mas os agentes secretos (assim como muitos criminosos, infelizmente) entendem como funcionam tais padrões e podem manipular os seguintes comportamentos a seu favor.

Reciprocidade

Os agentes secretos são ensinados a "dar algo para conseguir algo", e é isso o que queremos dizer quando falamos sobre reciprocidade. Quando você dá a uma pessoa algo no início de uma relação, em geral isso cria uma sensação de obrigação. Pode ser algo pequeno, como pagar uma xícara de café ou compartilhar um importante contato comercial. Ou pode ser algo muito maior, como JOHN ajudando a filha de HECTOR a entrar na faculdade. De qualquer modo, a sensação de obrigação é estabelecida, e você prepara uma situação em que a outra pessoa provavelmente desejará retribuir o favor.

Autoridade

Quando JOHN estava montando seu disfarce, ele criou de propósito um papel que o colocava em uma posição de autoridade. Ele era um "físico de uma empresa de engenharia nos EUA com uma grande conta bancária". Isso sugeria que ele era uma pessoa importante, com influência, e seu poder poderia se estender a HECTOR de algum modo. JOHN também se vestia de acordo. Seus ternos de grife e gosto por restaurantes caros sustentavam a ideia de que ele era uma pessoa de autoridade. No mundo da CIA, esse ar de autoridade também tem um grande papel no ciclo de recrutamento. Assim que JOHN recrutasse HECTOR e o tivesse na folha de pagamento, a autoridade ajudaria a criar um sentimento de obrigação. HECTOR se sentiria obrigado a obter informações para JOHN. Espionar é perigoso, e HECTOR também precisava sentir confiança no conhecimento de espionagem de JOHN, uma vez que este basicamente estaria se colocando nas mãos do agente. A autoridade ajudaria a amenizar qualquer medo que HECTOR pudesse ter envolvendo sua própria segurança.

Escassez

As pessoas são atraídas por coisas que são raras ou escassas. Aquele restaurante na cidade onde é quase impossível fazer uma reserva? Em geral é o lugar onde as pessoas querem comer. Você já dispensou um item na loja e logo depois se sentiu arrependido quando descobriu que não estava mais disponível? Isso é escassez. Ao recrutar um alvo, um agente secreto oferece um atrativo, talvez fazer um favor, como ajudar um membro da família, mas deixa claro que a oferta acabará rápido. Um recruta tem que agir depressa se quer ter o benefício.

Coerência e Comprometimento

Não confiamos em pessoas que não são coerentes; é uma questão de bom senso. Se um agente secreto não mostra um comportamento coerente com um recruta em potencial, ele não chegará a lugar algum. O comprometimento durante a fase de desenvolvimento pode realmente significar fazer pequenas conexões. Pode ser concordar com um assunto em particular. Por exemplo, HECTOR pode ter concordado com JOHN que ambos os países estariam mais seguros graças às informações que ele fornecia. Os dois estão comprometidos com a *mesma ideia*. Isso também cria um ambiente que deixa o recruta mais confortável. Se HECTOR vê que ele e JOHN compartilham as mesmas ideias sobre segurança nacional, ele pode se sentir encorajado a se abrir e compartilhar mais segredos sobre outras coisas.

Afeição

A "afeição" obviamente remete à ligação, e um agente secreto precisa começar a trabalhá-la durante a primeira apresentação. Mas não para por aí. Um agente secreto deve continuar buscando outros modos de desenvolver um vínculo com o recruta. Quais traços eles têm em comum? Quais interesses compartilham? Eles podem trocar ideias sobre a educação dos filhos, passatempos ou outros interesses pessoais? Para esse processo ter mais êxito, a relação precisa passar de "afeição" para "amizade" e, então, para o sentimento de "esta é a única pessoa no mundo que realmente me entende".

Aprovação Social

Gostemos ou não, há certas coisas que sinalizam o lugar de uma pessoa na sociedade. Chegar de limusine sugere riqueza e importância. Se muitas pessoas fazem fila para pegar um café em determinada cafeteria, você supõe que o café é muito bom. No mundo da espionagem, um agente secreto pode usar a aprovação social para deixar um recruta mais confortável com o que está fazendo. Tal agente secreto pode mostrar sua importância ao conseguir ingressos impossíveis de ter para um show badalado ou a melhor mesa em um restaurante exclusivo. Outro modo utilizado de aprovação social é fazer o recruta se sentir confortável deixando-o saber que ele não é a única pessoa que fez o que ele está fazendo. Um agente pode dizer: "Ah, quando eu trabalhei com X, ele costumava me entregar relatórios sobre x, y e z." Isso mostra ao recruta que outras pessoas tiveram sucesso com o que ele fará.

TÁTICA Nº 3: COLETA DE INFORMAÇÕES 101

A Arte de Extrair Informações

A arte de extrair informações envolve manipular uma conversa para que o alvo comece a dar informações de maior interesse, sem necessariamente perceber que está fazendo isso. JOHN usou essa estratégia de modo brilhante para desenvolver uma relação com HECTOR. Ele usou a paixão de HECTOR por comidas caras e seu desejo de colocar a filha em uma universidade de elite para obter favores dele. Quando benfeita, a coleta é tão sutil que o alvo provavelmente nem terá ideia do que está acontecendo.

É óbvio que os agentes secretos são altamente treinados nas técnicas de extrair informações, mas muitas vezes empresários espertos e até criminosos usam esse método a seu favor. Você provavelmente usou a coleta de informações sem mesmo saber. Se fez à sua esposa algumas perguntas sutis para descobrir o que ela queria de aniversário, este é um exemplo bem simples de coleta.

Infelizmente, ninguém que usa a coleta faz isso para fins inocentes. Um sócio duvidoso pode usá-la para extrair informações sobre seu negócio e ter vantagem sobre você. Ou pior ainda, criminosos usam o método para enganá-lo e divulgar informações pessoais importantes, como seu PIN ou CPF. Ficar atento a algumas dessas principais técnicas de coleta pode evitar que você seja enganado ou conte segredos para a concorrência de seu negócio. Com paciência e prática, você também pode usá-las para obter as informações que deseja de uma outra pessoa.

Fazer-se de Bobo

"Isso é novo para mim. Não tenho ideia de como funciona!"

Uma pessoa que tenta extrair informações pode se fazer de boba. Pode agir como se não tivesse ideia do que está fazendo. Sabendo que o ser humano é prestativo por natureza, sabe que alguém provavelmente intervirá e ajudará, por fim dando as informações exatas de que precisam. Alguém pode dizer algo como: "Eu não sabia que este lugar projeta softwares para o Governo dos EUA" para alguém que responderá: "Sim, estamos produzindo x, y e z por anos", divulgando a informação que a pessoa deseja saber.

Bajulação

"Nossa! Aposto que você teve um papel importante neste projeto!"

O velho ditado "a bajulação não leva a lugar algum" definitivamente não é verdadeiro no mundo da CIA. Ela pode mesmo levá-lo longe. Uma pessoa que tenta extrair informações pode fazer um elogio, sentar e esperar que você preencha as lacunas sobre o que realmente fez em determinada situação. Uma via um pouco menos direta pode ser dizer algo como: "Aposto que poucas pessoas realmente sabem como isso funciona", e é muito provável que uma pessoa comum dirá que ela é *uma* delas.

Interesses em Comum

"Que carro lindo você tem. Gosta de carros? Você precisa ver o Mustang vintage que estou restaurando. Apareça lá para ver."

Alguém que tenta extrair informações de você pode tentar criar uma ligação com um interesse em comum. A pessoa pode citar tal interesse como um modo de convencê-lo de que existe algo que você precisa ver ou existe um lugar aonde adoraria ir. Ao concordar, você aceita continuar a relação além do lugar de encontro inicial, colocando a pessoa em uma boa posição para desenvolvê-la ainda mais.

Afirmação Falsa

"Todos sabem que o Irã não tem tecnologia para construir uma arma de destruição em massa."

Uma pessoa que tenta extrair informações pode esperar que você responderá a uma falsa afirmação. Os seres humanos querem parecer bem informados e têm uma tendência a querer corrigir uma informação errada. Soltar afirmações falsas tende a fazer as pessoas responderem com a informação correta. Se receber uma declaração falsa, simplesmente ouça e não responda. Resista à tentação de corrigir quem fala.

O Bom Ouvinte

"Você está bem? Parece fora de si agora."

A coleta de informações requer paciência. Se alguém se mostra um bom ouvinte, cedo ou tarde você poderá falar sobre um assunto que o agrada. Ele também pode validar sua impressão e encorajá-lo a fazer isso, esperando que você fale sobre um problema no trabalho.

Repetição de Palavras

"Minha equipe está sob muita pressão para atender a esse prazo apertado."

Trata-se de encorajar uma pessoa a desenvolver algo que acabou de ser dito ao repetir uma parte da afirmação dela. Se você reclamar das dificuldades no trabalho, alguém pode perguntar: "Ah, o que está acontecendo no trabalho?" E você responder: "É difícil, porque meu chefe está sendo um idiota ultimamente." O questionador pode continuar com: "O que está acontecendo para ele ser um idiota?" E você responder que ele é um idiota porque você está com prazo para entregar um grande projeto... dando ao questionador todos os detalhes. Tenha cuidado com as palavras e as frases repetidas. Elas podem ser um sinal de que a pessoa com quem está conversando está manipulando-o. Não caia nessa.

Fique Atento ao Compartilhar Conhecimento Quando Não Deveria

Se conversar com alguém em uma reunião e ele demonstrar saber de um assunto de seu amplo conhecimento, talvez o desenvolvimento de um software ou sistemas de segurança, é fácil pensar que, se ele já conhece o assunto, você pode falar o que sabe. É comum pensar: "Que mal tem? Ele já sabe." É possível que você diga algo como:

"Posso ver que você sabe muito sobre sistemas de segurança, então posso contar."

A verdade pode ser que a pessoa realmente não saiba nada — até agora, porque você acabou de informá-la, e é exatamente o que ela esperava.

ALGUÉM ESTÁ TENTANDO EXTRAIR INFORMAÇÕES DE MIM. E AGORA?

Imagine que você esteja viajando a trabalho. Teve um longo dia de reuniões e decide se presentear com uma bebida no bar e ver o jogo. Há outro empresário sentado ao lado. Ambos torcem pelo mesmo time e acabam conversando. Acontece que ele tem um negócio parecido e vocês começam a trocar histórias. Antes que perceba, você contou mais do que deveria sobre o próximo produto no qual sua empresa está trabalhando. Pode ser inocente, ou um dos seus concorrentes acabou de obter informações muito úteis. Não é fácil perceber a diferença entre uma conversa casual e uma coleta de informação, e, para complicar as coisas, as pessoas geralmente querem ser educadas. Se achar que alguém está tentando enganá-lo para conseguir informações confidenciais, experimente o seguinte:

- Deixe claro que você não tem a informação. Basta dizer: "Eu não sei."
- Evite a pergunta fazendo outra: "Não sei, por que você perguntou?"
- Dê uma resposta vaga e genérica que não revele nenhuma informação.
- Indique uma fonte pública: "Acho que está no nosso site."
- Mude de assunto imediatamente.

ENCONTROS DE ESPIÕES: ALEX
SENDO REVISTADO PELA POLÍCIA ESTRANGEIRA

Ser parado pela polícia estrangeira pode atrapalhar muito uma operação, então sempre tive cuidado com meu comportamento sempre que isso acontecia. Passei muitos anos trabalhando na Ásia e fui parado pela polícia em Seul e Tóquio. Sempre soube que o que mais causaria problemas era portar uma arma. Isso não pode acontecer, sobretudo no Japão. É totalmente contra a cultura deles, e, se você for pego, poderá acabar na prisão por muito tempo. Descobri que o melhor modo de lidar com a polícia estrangeira era ser educado e responder às perguntas rápido, mas não agir com muita pressa; isso os faria suspeitar dos meus motivos. Sempre falo em inglês, mesmo que meu japonês seja muito bom. Eu queria deixar claro que era de um país estrangeiro, e é menos provável que eles se metam com um norte-americano. Em geral, eles ficavam satisfeitos com minhas respostas e me deixavam ir.

Certa vez, eu estava examinando um bairro residencial calmo no Japão, quando a polícia me parou. Eles começaram a me questionar muito e tive a sensação de que não me deixariam ir tão fácil. Eu estava começando a ficar ansioso, porque seria muito complicado para mim se eles decidissem me levar. Não tenho orgulho disso, mas comecei a responder às perguntas de modo que sugerisse que eu era uma pessoa atormentada. Agia de maneira confusa, ria muito e balançava a cabeça. Para ser honesto, queria que eles pensassem que eu não era muito inteligente ou "não regulava bem". Funcionou. A polícia chegou à conclusão de que eu era inofensivo e me deixou ir.

CAPÍTULO SEIS

SEQUESTRANDO UM NARCOTERRORISTA

Como Sobreviver a um Sequestro

MISSÃO: Confirmar a verdadeira identidade de X, um indivíduo tido como o líder de um cartel de drogas. X estava indo para os EUA usando a identidade de XXXX XXXXX, de Nova York, NY, um cidadão norte-americano. Com a identidade confirmada, X estará sujeito a uma extradição extraordinária, sendo retirado de seu país de origem e trazido para um local não revelado.

PARTICIPANTES: Agente Trevor McDonnell, agora referido pelo apelido CHAD.

Agente Robert Darby, agora referido pelo apelido ETHAN.

Agente Linda Patterson, agora referida pelo apelido ANNA.

ALVO: Mateo Sanchez, agora referido pelo apelido/criptografia WINDSOR.

NEGOCIANDO SUA VIDA PELO "PARAÍSO"

Imagine o seguinte cenário: alguém se aproxima e pergunta se você gostaria de viver nas Bahamas. Parece muito bom, mas então a oferta fica melhor. A moradia é paga, ou seja, não custará nada, e você receberá alguns milhões de dólares também. Parece ótimo, certo? Tem mais. Pela casa no paraíso e uma grande soma em dinheiro vivo, você terá que dar algo em troca: *sua identidade*. Eles querem sua certidão de nascimento, carteira de motorista, passaporte, CPF e informações bancárias. Na verdade, querem chegar à sua essência, então também ficarão com seu computador. Só precisa deixar de ser quem você é e dizer adeus aos seus amigos e à comunidade.

Agora que sabe a história real, não quer fazer isso. É quando eles dizem: "Bem. Espero que seus filhos não tenham problemas no caminho diário para a escola." Temendo por suas vidas, você percebe que não tem muita escolha. A pessoa a quem entregou tudo provavelmente está associada a um crime grave. Você espera que seus filhos fiquem seguros em sua nova vida. E a antiga? Agora sua identidade é assumida por um grande narcotraficante. Ele se tornou você e usará seu CPF e conta bancária. Ter seu passaporte significa que ele pode viajar livremente entre seu país de origem e os EUA sempre que quiser.

DESMONTANDO A REDE

DATA, HORA E LOCAL DE CONTATO: 21 de janeiro de 19XX, Rua XXX XXXXX, Bogotá, Colômbia.

PERSONALIDADE:

NOME/CRIPTOGRAFIA: WINDSOR

IDADE: 39

ALTURA/PESO: 1,76m, 79kg

CABELO: Preto com fios grisalhos, longo atrás, calvo

ÓCULOS: Não

PERSONALIDADE/COMPORTAMENTO/ATRIBUTOS: Muito inteligente, perspicaz, pode convencer as pessoas quando necessário. Conhecido por ser violento.

NACIONALIDADE/PAÍS: Colombiano, Colômbia

IDIOMAS FALADOS: Espanhol, inglês

FAMÍLIA: Pais falecidos, irmão XXXXXX (38), irmão XXXXXX (35)

NAMORADA: XXXX XXXXXX (26), XXXX XXXXXX (32)

ENDEREÇO: XXXX XXXXX, Bogotá, Colômbia; XXXX XXXXX, Nova York, Nova York

Pode ser difícil de acreditar, mas é verdade que criminosos de outros países querem pagar muito dinheiro por uma identidade norte-americana para continuarem seu trabalho como os narcotraficantes mais violentos e cruéis do mundo. Nós os chamamos de narcoterroristas. Esses caras são os piores de todos. Alguns são tão sádicos que tratam as pessoas que trabalham para eles como animais; essas pessoas trabalharão nas colheitas ou em fábricas completamente nuas para não terem chance de escapar nem roubar. A possibilidade de viajar livremente entre os EUA e o país de origem, onde o resto do cartel de drogas está localizado, significa que o narcoterrorista transporta drogas e dinheiro para os EUA, assassinando muitas pessoas no processo.

Era meu trabalho comandar uma equipe para impedir que isso acontecesse. Estávamos atrás de WINDSOR, que acreditávamos ser o principal "narcoterrorista" na rede do tráfico de drogas. Nosso objetivo final era "desmontar a rede". Isso significava que reprimiríamos a operação inteira, de ponta a ponta, para acabar com ela de uma vez por todas. Precisávamos saber onde as drogas eram produzidas e conhecer todos os envolvidos. Parte da equipe mapearia para onde as drogas estavam indo. As outras descobririam quem dirigia os caminhões e quem eram os marginais que vendiam as drogas na saída das escolas. Se não destruíssemos a rede inteira de ponta a ponta e só pegássemos alguns indivíduos-chave, uma nova pessoa ocuparia o lugar do cara que prendemos. Isso não resolveria o problema, porque no mundo do tráfico de drogas sempre há outro WINDSOR.

PENSE COMO UM ESPIÃO: SEMPRE AVALIE O CONTEXTO MAIOR

Embora pareça que prender um grande traficante como WINDSOR resolverá o problema, como drogas ilegais sendo passadas pelas fronteiras dos EUA, isso é apenas uma parte da história. Como esses caras trabalharam muito para descobrir o que se passa realmente, eles sabem que o problema não será resolvido para sempre até que os outros elementos da situação também sejam enfrentados. Apesar de muitas vezes ser tentador focar um problema, analise de perto a situação inteira para determinar se existem questões maiores que também precisam ser resolvidas. Quais outros desafios podem surgir? Quem mais está envolvido? Quais ações precisam ser tomadas para resolver o problema de uma vez por todas?

Portanto, embora o grande objetivo fosse desmontar a rede inteira, meu trabalho específico era trabalhar com outras pessoas para neutralizar o criminoso. Neste caso era WINDSOR, que entrava e saía com facilidade dos EUA usando um passaporte comprado ilegalmente. Essa parte do processo é chamada de "extradição extraordinária"; é perigosa e difícil. Isso porque o resultado final é sequestrar nosso alvo e tirá-lo dos EUA para sempre. Também é um desafio político. Nenhum país estrangeiro gosta que seus cidadãos sejam raptados pelos EUA, sobretudo quando acontece no território deles. Por isso passamos meses, se não anos, tendo um incrível cuidado e coletando muitas informações. Temos que ter certeza de focar a pessoa certa, e não há margem para erros.

ASSEGURANDO, MAIS UMA VEZ, ANTES DE PROSSEGUIR

DATA, HORA E LOCAL DE CONTATO: 17 de março de 19XX, 20h04, Restaurante XXXXXXX, Bogotá, Colômbia.

Uma operação antidrogas é algo que a TV e os filmes entendem bem errado. Nos filmes, os mocinhos aparecem e pegam o vilão. Tudo acontece em minutos e você sabe pouco ou nada da história anterior. A verdade é que, para ter sucesso com algo complicado e delicado, são necessários anos de treinamento e especialização de muitas pessoas diferentes. Não podemos correr o risco de pegar o cara errado ou, pior, um completo inocente. Essas operações requerem a expertise de várias entidades diferentes. Pode ser a Patrulha de Fronteira, CIA e Agência de Segurança Nacional (NSA, na sigla em inglês), todas trocando informações, juntando diferentes peças, como um quebra-cabeça. Utilizaremos drones para coletar dados, interceptaremos conversas, verificaremos telefones e tiraremos fotos.

Após reunir todos os dados biográficos, é necessário coletar impressões digitais e DNA. Só para obter simples impressões digitais é preciso mais planejamento e trabalho do que se pode imaginar. Como estávamos seguindo WINDSOR e observando-o por muito tempo, sabíamos que ele às vezes ia a um restaurante em um dos bairros mais violentos de Bogotá. WINDSOR não era bobo e, lembre-se, ele tinha sua própria equipe de segurança. Isso significava que sabia bem que não podia ter nenhum padrão regular de comportamento. Ele não ia ao mesmo restaurante no mesmo horário toda terça-feira à noite. Era cuidadoso e isso tornava nosso trabalho mais difícil. ETHAN, um dos colegas de equipe, realizou rondas para conhecer as pessoas da área e frequentou os estabelecimentos locais. É como soubemos que havia uma chance de que, finalmente, WINDSOR podia aparecer em alguns locais diferentes, inclusive no Restaurante XXXXXXX. Algumas pessoas vigiavam os diversos lugares onde ele podia aparecer e aguardavam com paciência uma oportunidade para entrar em ação. Eu estava jantando em casa em uma sexta-feira à noite quando o telefone tocou. Era ETHAN ligando para dizer que o carro de WINDSOR tinha estacionado no Restaurante XXXXXXX. Essa poderia ser a chance que esperávamos. Saí pela porta em segundos e busquei minha colega ANNA no caminho.

Quando cheguei à casa de ANNA, ela assumiu a direção, porque eu não podia ser visto. Sou grande, mas fiquei abaixado, assim parecia que nem estava no carro. O plano era ANNA entrar no restaurante e pedir uma bebida, observando WINDSOR o tempo todo. Se ela percebesse que WINDSOR estava ocupado, entretido, e era pouco provável que fosse para seu carro a qualquer minuto, então sairia e acenderia um cigarro. Era meu sinal para avançar e pegar as impressões. ANNA parou em uma parte escura do estacionamento e entrou no restaurante. Eu me escondi atrás do carro, examinando a área para ver se alguém estava me observando. Cerca de dez minutos depois, ANNA saiu e acendeu o cigarro. Estávamos prontos para seguir. Movendo-me o mais silenciosa e rapidamente possível, fui até o carro de WINDSOR e prendi uma fita clara, quase invisível, direto sobre onde a mão dele tocaria para abrir a porta. Isso nos daria suas impressões digitais para que pudéssemos ter uma identificação positiva antes de darmos o grande passo de raptá-lo. Eu tinha outra coisa para fazer. Prendi um pedacinho de fita isolante na lanterna esquerda para ajudar nosso pessoal a rastrear o carro. Então voltei rápido e com cuidado para nosso carro e me preparei para esperar por ANNA. Ela saiu depois de terminar a bebida e partimos. Ficamos contentes por ter dado certo, *até o momento*. Não sabíamos se conseguiríamos uma boa digital até que ETHAN recuperasse a fita, e isso seria um desafio totalmente diferente.

PENSE COMO UM ESPIÃO: COLETE TODAS AS INFORMAÇÕES QUE PUDER

Seria um completo desastre pegar o cara errado. Simplesmente não há margem para erros ao fazer uma extradição extraordinária. Não é suficiente espionar as ligações de alguém ou mesmo obter as impressões digitais. Todos os dados devem ser examinados e coletados antes de uma identificação positiva ser feita. É uma tentação confiar em uma fonte ao tomar uma grande decisão, mas sempre colete o máximo de informação de diversas fontes para tomar a decisão mais fundamentada possível.

DATA, HORA E LOCAL DE CONTATO: 17 de março de 19XX, 23h20, cruzamento das Ruas XX e XX, El Bronx, Bogotá, Colômbia.

ETHAN tinha que recuperar a fita, mas precisava fazer isso sem ninguém notar.

Isso significava ficar em posição, observando cada movimento feito por WINDSOR. Agora era mais fácil seguir seu carro, pois ETHAN podia identificá-lo pela marca na lanterna. Assim que o carro parasse e WINDSOR saísse, ETHAN teria que estar pronto para pegar a fita (esperávamos que com as impressões) sem ser visto. Se fosse pego, as coisas ficariam muito complicadas. ETHAN torcia para que WINDSOR não fosse para casa à noite (a segurança na casa dele era grande), mas que tivesse planejado fazer outra parada, dando uma oportunidade para recuperar a fita. Após dirigir por alguns quarteirões, WINDSOR estacionou o carro. ETHAN tinha a sorte a seu favor: o cara foi para uma boate. Assim que ETHAN o viu entrar e assegurou que não estava sendo observado, se aproximou do carro e pegou a fita. Até então, a operação foi um grande sucesso.

DATA, HORA E LOCAL DO CONTATO: 24 de março de 19XX, 21h30, Restaurante XXXXXXX, Bogotá, Colômbia.

ESQUENTANDO A ÁREA

ANNA, ETHAN e eu ficamos empolgados quando chegaram notícias de que as impressões que ETHAN tinha recuperado correspondiam às que nosso pessoal tinha no arquivo. Mas o resultado era que as impressões não eram suficientes. Precisávamos do DNA para uma confirmação positiva da identidade de WINDSOR. ETHAN tinha feito contatos pela cidade e estava fazendo um ótimo trabalho ao se conectar com pessoas diferentes. Era o momento de usar uma de suas relações para ajudar a obter o DNA. Era algo que deveria ser feito apenas se soubéssemos que estávamos realmente chegando perto.

É preciso ter cuidado para não "esquentar a área" demais ao trabalhar em uma operação. Embora precisássemos passar muito tempo observando pessoas e coletando informações, as coisas "esquentam" quando nosso pessoal começa a fazer perguntas. ETHAN vinha estabelecendo uma relação com uma das garçonetes. Eles conversaram, e ela disse que lutava para cuidar de uma criança sozinha e que lhe faltava dinheiro. Até onde ele sabia, ela não tinha uma relação com WINDSOR ou qualquer pessoa associada a ele. Mas, se ele começasse a perguntar demais ou pedir coisas estranhas, ela poderia ficar assustada ou suspeitar. É por isso que tivemos muito cuidado para obter essa última evidência essencial.

A próxima vez que ETHAN viu WINDSOR no Restaurante XXXXXXX, ele sabia que era hora de pedir ajuda à garçonete. WINDSOR comeu e bebeu com seus companheiros por algumas horas quando todos se levantaram para sair. Quando a garçonete estava prestes a limpar a mesa, ETHAN a chamou. Ele apenas lhe disse que tinha um jeito fácil de ela ganhar dinheiro. Tudo que precisava fazer era dar a ele um prato, aquele em que WINDSOR tinha comido. Se ela achou o pedido estranho, não se importou assim que ETHAN lhe ofereceu US$100. Quando pegou o prato, ele o entregou à nossa equipe o mais rápido possível. Eles tentariam obter o DNA dos vestígios de saliva. Assim que saísse o resultado, saberíamos com certeza se tínhamos uma combinação.

O SEQUESTRO

DATA, HORA E LOCAL DO CONTATO: 4 de abril de, 19XX, 9h, Rua XX, Bogotá, Colômbia.

Sequestrar nosso alvo era uma experiência tensa, e meu coração acelerava conforme trabalhávamos no caso. Só queríamos sair da operação inteiros, mas sabíamos que o pessoal do WINDSOR queria nos ferir também. E estavam todos à nossa volta. Trabalhamos muito por um longo período de tempo, tínhamos um plano pronto e todos na equipe entendiam qual era seu papel. ETHAN tinha informações de que WINDSOR iria para uma reunião por volta das 9 horas. No início daquela manhã, nosso pessoal monitorava cada movimento dele. Assim que saiu, nossa equipe começou a segui-lo. Mesmo que ele pegasse estradas secundárias, obviamente para assegurar que não estava sendo seguido, éramos capazes de ficar de olho nele sem que soubesse que estava sendo vigiado. Nossas informações indicavam que o encontro ocorreria na Rua XX, então ETHAN, ANNA e eu estaríamos lá aguardando com o resto da equipe.

A DISTRAÇÃO QUE NOS DEU WINDSOR

Sabíamos que um cara como WINDSOR não estava indo para uma "reunião de negócios" sem seguranças. Eles estavam armados e não teriam problema em matar qualquer pessoa que fosse uma ameaça. É óbvio que isso dificultava nossa aproximação para pegar WINDSOR. É por isso que, às vezes, temos que criar uma grande distração. Tínhamos que articular uma situação que causasse bastante comoção para que o pessoal dele baixasse a guarda o suficiente para o cara ser pego.

Nosso plano era encenar um acidente de carro. Eles são tão barulhentos que parecem uma arma sendo disparada, e isso funciona bem. Seria apropriado ao ambiente, pois queríamos pegar WINDSOR enquanto ele estava na rua. Se ele estivesse em um encontro no oitavo andar de um hotel, era óbvio que não funcionaria. Um acidente de carro era um acontecimento muito frequente na área; isso também era importante.

Quando nossa equipe em campo confirmou que WINDSOR estava se aproximando do local, ficamos prontos para criar "a distração". O Carro A foi estacionado perto do prédio onde esperávamos que WINDSOR entraria. O Carro B ficou mais adiante, pronto para entrar em ação assim que sinalizássemos. Havia muitas coisas acontecendo: comunicações entre os agentes, drones sobrevoando e uma van cheia de agentes da CIA prontos para sair e pegar WINDSOR, e todos nós esperando que os Carros A e B conseguissem colidir no momento certo. Quando o carro de WINDSOR desacelerou, o Carro B recebeu o sinal para começar a acelerar em direção ao Carro A. Por causa de outros carros na rua, ele teve que esperar um pouco. O caminho abriu, o Carro B ganhou velocidade e o Carro A foi instruído a arrancar assim que o Carro B descesse a rua voando. Não poderia ser melhor. O som da batida foi espetacular. Muito alto e parecia bem pior do que realmente foi, tendo o efeito que precisávamos. Quando os seguranças de WINDSOR se posicionaram para um ataque pela esquerda (a batida teve o som de um possível disparo), nosso pessoal imediatamente avançou pela direita. Foi insano e caótico, mas todos sabiam o que fazer. Um dos nossos homens pegou WINDSOR, prendeu-o, empurrou-o para dentro da van e arrancou com ele para uma pista de decolagem onde um avião particular aguardava.

A operação foi bem-sucedida e era ótimo saber que nosso árduo trabalho como equipe tiraria as drogas das ruas dos EUA.

SURPRESA, VELOCIDADE E VIOLÊNCIA DE AÇÃO

Nada do que fizemos importaria no final se não reagíssemos de modo adequado quando chegou o momento de capturar WINDSOR. O procedimento de operação padrão é "surpresa, velocidade e violência de ação". Seguir esse procedimento é essencial para concluir nosso trabalho.

Surpresa

Não é tão simples como parece. Não é correr para o alvo quando ele menos espera (embora seja parte disso). A principal ideia era finalizar todas as ações antes que o pessoal do WINDSOR pudesse reagir. Isso significava usar movimentos discretos para nos aproximar ao máximo do alvo. Também era importante que minha equipe estivesse bem posicionada para se defender assim que os outros caras percebessem o que acontecia.

Velocidade

Obviamente, nos movemos rápido, mas velocidade neste caso também se referia a se mover antes que os outros caras soubessem o que de fato acontecia e pudessem nos atacar por trás. Eles poderiam ter um plano na manga para executar e nos prejudicar. Por exemplo, talvez eles tivessem uma granada ou uma bomba. Tivemos que iniciar nosso ataque antes que pudessem reagir com um contra-ataque.

Violência de Ação

"Violência de ação" significa usar toda a força, velocidade, surpresa e agressão para lutar com o inimigo. Quando vamos pegar alguém, colocamos nossas vidas em risco. Tivemos que usar força total para aumentar nossas chances de pegar WINDSOR. Isso significava realmente ir com tudo que tínhamos. Nossa sobrevivência dependia disso. Capturar alguém como WINDSOR é uma experiência muito tensa e qualquer coisa pode acontecer. Quando dá certo, termina com um saco sendo colocado na cabeça do cara e ele sendo levado para um avião, que não é uma aeronave comum. Não existe um plano de voo, e permanecemos de propósito fora do radar, decolando de uma pista particular. Nós o levamos a algum lugar, como a Baía de Guantánamo ou uma das instalações seguras que os EUA têm em muitos países por todo o planeta. Assim que chegamos lá, sabemos que o mundo está um pouco mais seguro para os norte-americanos e suas famílias.

SEU ESPIÃO INTERNO

Uma extradição extraordinária se trata de nosso governo capturando um dos piores criminosos soltos por aí para manter os EUA seguros. Embora essa extradição possa ser incomum, fico triste por dizer que o sequestro é uma preocupação real, mesmo para pessoas comuns. Muitos executivos e pessoas de patrimônio elevado fazem minhas aulas de treinamento porque sabem que há uma chance de serem sequestrados e, se acontecer, eles querem sobreviver. Infelizmente, em certas partes do mundo, o sequestro é um perigo real, não importando quem você é. Os norte-americanos correm um risco em especial em certos países, como México (onde a taxa de sequestro é muito alta), Haiti, Brasil, Filipinas, Índia, Colômbia e Venezuela. Mas o sequestro pode acontecer perto de casa também. Os norte-americanos assistiram com horror as notícias quando foi revelada a história do rapto de Sherri Papini, uma mulher de 34 anos e mãe de duas crianças. Os detalhes ainda estão surgindo, mas Papini foi raptada por duas mulheres quando caminhava e sofreu terríveis agressões e abuso por quase três semanas. Suas sequestradoras jogaram seu corpo de 40kg ao lado de uma rodovia da Califórnia e ela conseguiu fazer sinal para um motociclista. Ela tinha uma corrente na cintura, foi muito espancada, machucada, marcada e estava coberta de feridas. Suas sequestradoras também cortaram seu longo cabelo loiro.

Então o que fazer se o impensável acontece? Talvez você esteja de férias quando é parado pelo que pensava ser a polícia, mas agora há uma arma apontada, e você está sendo xingado em outro idioma e forçado a entrar em uma van. Ou talvez esteja usando o caixa eletrônico tarde da noite quando é agarrado por trás. O cara que o agarrou tem uma arma e tenta colocá-lo em uma van ou um caminhão. Você percebe que será sequestrado e fica apavorado. Embora eu espere que isso nunca aconteça, saiba que, se for vítima de um sequestro, há algumas coisas que pode fazer para aumentar suas chances de ser encontrado vivo.

TÁTICA Nº 1: PONDERE SUAS OPÇÕES EM POUCOS SEGUNDOS

O rapto real é uma das duas fases mais perigosas no processo do sequestro (se você sobreviver ao rapto, o resgate será a outra parte em que também há o risco de ser morto). Isso porque a situação é caótica; seus sequestradores estão preparados para usar armas e, se as coisas não saírem do jeito deles, há chances de que simplesmente o matem. Afinal, um morto não se defende.

Eu disse isso antes. Se alguém o colocar em um veículo contra sua vontade, existe uma boa chance de que você seja morto. Há apenas alguns segundos para avaliar a situação. São quantas pessoas? Elas têm armas? Tem alguém por perto que possa ajudar? Você pode correr em segurança? Se realmente acredita que pode lutar com os sequestradores e escapar, faça isso. Mas, se não existe uma oportunidade para correr e lutar com eles não é uma opção, sua melhor chance de sobreviver é prestar muita atenção ao que vou ensinar neste capítulo. Qualquer que seja a escolha feita, você deve criar o máximo de confusão possível antes de ser colocado no veículo. Berre, grite pedindo ajuda, lute, chute, qualquer coisa que chamará a atenção para o que está acontecendo e deixe bem óbvio que você está sendo levado.

POR QUE FICAR CALMO É IMPORTANTE

É óbvio que, se você estiver sendo sequestrado, ficará fora de si e com medo. Ficar calmo pode parecer a última coisa possível, mas há alguns motivos essenciais para tentar fazê-lo durante um sequestro. Em pânico, suas emoções primitivas assumem o controle, dificultando pensar com clareza ou reagir adequadamente. Se entrar em pânico, poderá não perceber as oportunidades para escapar. E, se for pego, tente tirar o foco do medo e observar o máximo de detalhes que puder sobre quem o raptou e para onde estão levando-o. Saiba que focar os detalhes também manterá sua mente ocupada e é menos provável que entre em pânico.

Conheça os Dois Tipos de Sequestro

Alvo de Alto Valor

Há dois tipos de sequestro. No primeiro, você é um alvo de alto valor e seus sequestradores acreditam que receberão um grande resgate em troca. Você pode ser um CEO importante de uma grande corporação, um indivíduo com grande patrimônio ou pode estar relacionado a uma pessoa rica.

Se esse for o caso, há chances de que, embora eles possam machucá-lo, basicamente querem mantê-lo vivo. Em situações assim, é provável que os sequestradores sejam organizados, profissionais e tenham planejado seu sequestro com antecedência.

Acesso Rápido a Dinheiro ou Outros Bens

No outro tipo de sequestro, você é pego apenas para que acessem sua conta bancária ou carro. Pode ser um "sequestro relâmpago", no qual as pessoas que o pegaram farão você retirar todo o dinheiro de sua conta ou pedirão um resgate à sua família. Esses caras podem ser pequenos criminosos de longa data ou drogados comuns. Eles só querem seu dinheiro e infelizmente há chances de que estejam preparados para matá-lo por isso. Se você não conseguir evitar ser levado por tais pessoas, terá de proceder com muito cuidado.

TÁTICA Nº 2: PARTICIPE DO SEU PRÓPRIO RESGATE

Colete o Máximo de Detalhes que Puder

Embora possa ter que lutar por sua vida, é preciso se comportar de maneira submissa assim que ficar claro que será levado. Não brigue nesse momento, pois pode arriscar se machucar mais. Abaixe a cabeça e não olhe nos olhos deles. É preciso dar a ideia de que será um bom refém, calmo e obediente. Seus sequestradores devem pensar que você fará o que for pedido. Nesse ínterim, precisa prestar muita atenção ao que está acontecendo. Note o máximo possível dos seguintes detalhes:

- Como os sequestradores estão vestidos? (Se você não estiver vendado.)
- Quantas vozes você ouve?

- Qual idioma estão falando? Você percebe algum sotaque?
- Algum nome é usado? Frases repetidas?

No Veículo de Transporte: Se Puder, Tente Visualizar a Rota Feita

- Quantas curvas?
- Você consegue ouvir o barulho da rua?
- Qual a velocidade?
- Você está em uma rodovia ou em uma rua da cidade?
- Quanto tempo acha que está no veículo?

No Ponto de Espera ou no Esconderijo (Você Pode Ser Levado a Vários Lugares)

Assim que for levado a um local, deve observar o máximo que puder os arredores e o que está acontecendo lá.

- Você ouve sons da rua?
- Há barulhos no prédio?
- Consegue ouvir se outras pessoas estão presas?
- Sente o cheiro de algo?
- Se não houver janelas, use a mudança de temperatura para determinar diferenças entre noite e dia.
- Que tipo de cronograma os raptores têm? Pessoas entram e saem em certos horários? Eles comem ou dormem em diferentes horas do dia?

Quanto mais ficar preso, maior a chance de que sairá vivo.

Você está em uma das situações mais estressantes que se possa imaginar. Tente lembrar que, ao coletar detalhes, está participando de seu próprio resgate. Também saiba que, quanto mais ficar preso, maior a chance de que sairá vivo.

Deixe uma Pista de DNA

O que a maioria das pessoas não sabe é que é possível deixar uma pista de DNA que pode ajudar as autoridades a encontrá-lo. Não parece muito agradável, mas deixar para trás uma pista de cuspe, sangue ou até vômito pode permitir que as autoridades reconstituam seus passos. O DNA também pode ser usado para identificar positivamente que você é, de fato, a vítima, e às vezes também marca um horário específico de onde estava em sua captura. Tente morder sua língua até sangrar e cuspa ou arranque um tufo de cabelo. Não deixe óbvio que você está fazendo isso de propósito. Cuspa enquanto tosse ou chora. Se possível, deixe DNA em cada lugar em que os agressores o levarem, inclusive na cena do sequestro e em qualquer veículo de transporte.

Deixando DNA nos Esconderijos: O que Você Precisa Saber Primeiro

Assim que for levado para um esconderijo, é aconselhável continuar deixando pistas de DNA. Mas a maioria dos sequestradores é bem esperta e lava as superfícies para ocultar traços de que você esteve no local. Então como continuar deixando pistas? Para deixar DNA que não será removido pelos sequestradores, duas coisas *devem* acontecer:

1. Tenha uma Conversa sobre Como Sobreviver a um Sequestro

   Você precisa discutir essa técnica com seus entes queridos. Precisa compartilhar o que aprendeu sobre deixar DNA para trás no caso de um sequestro. Caso sua família tenha motivos para acreditar que você foi sequestrado, ela deve contar à polícia e também dizer que você foi treinado em táticas de sobrevivência a sequestro. Isso deixará a polícia informada de que, quando encontrar um local onde você esteve, poderá procurar seu DNA em locais incomuns. Também o coloca, como vítima, em uma posição melhor. Você não é uma vítima indefesa, mas uma pessoa treinada que deixa dicas para ajudar as autoridades a encontrá-lo.

2. Deixe DNA em Locais Incomuns

   É preciso deixar DNA, mas qualquer cuspe ou sangue no esconderijo será removido pelos sequestradores. Mas eles não limparão áreas como embaixo da mesa, atrás da mobília ou sob os tapetes. Parece loucura, mas são lugares ideais para você continuar seu rastro de DNA. Deixe cabelo, impressões digitais, melhor ainda, impressões com sangue. Como sua família informou às autoridades que você é treinado nessas táticas, elas saberão procurar nesses lugares para obter pistas de que esteve lá.

Estabeleça uma Ligação

Se ouvir os sequestradores falando sobre serem muçulmanos, apele para o lado religioso deles explicando que você acredita em Deus também. Família é um assunto que toca a maioria das pessoas, portanto fale sobre seus filhos ou sobre ter um irmão ou irmã. Você pode conseguir uma ligação com assuntos comuns, como passatempos ou até esportes. O objetivo é que o sequestrador o veja como um ser humano, não um objeto. Conversar com os sequestradores também pode ajudar a revelar alguma informação importante que possa ajudá-lo a sobreviver.

BOM COMPORTAMENTO PODE PROVOCAR COMPLACÊNCIA

Um dos motivos pelos quais você precisa se comportar de modo submisso é para que eles não o vejam como um risco à segurança. Se berrar, eles podem calar a sua boca com uma fita. Se lutar, pode ser amarrado ou acorrentado a algo. Se fizer exatamente o que for pedido, é possível que eles sejam complacentes, confiem que ficará quieto e o deixem sozinho. Isso significa que talvez nem tranquem a porta de onde você está. Pode ser uma oportunidade para escapar.

Identifique o Elo Fraco

Nem todos no grupo têm a mesma mentalidade. É provável que haja um líder dando ordens ou alguém que se sente mal pelo que estão fazendo com você. É preciso determinar qual sequestrador é o mais sensível. Existem vários modos de fazer isso. Você pode tentar ver se um deles concordará em dizer à sua família que está bem ou pode olhar nos olhos de um, uma só vez, e dizer: "Estou com muita dor por causa da queda quando vocês me pegaram. Você conseguiria um Tylenol?"; observe o que ele faz. Se alguém pedir desculpa quando você for chutado ou empurrado, este pode ser o cara. E mais, preste atenção se alguém parece estar verificando-o com mais frequência para ver se está bem ou traz um pouco mais de comida. Esta é a pessoa que pode acabar ajudando-o na fase do resgate. Ela pode ajudá-lo fisicamente a escapar do lugar onde está preso, pode mostrar como encontrar uma saída ou ajudar se estiver ferido. Tente explorar o lado sensível da pessoa. Tente apelar para ela no que puder. Seja grato por qualquer coisa que ela traz. Lembre-se, seu objetivo é deixá-la ver que você é um ser humano.

TRUQUE FAVORITO DO ESPIÃO: SOLTANDO-SE QUANDO PRESO COM FITA ADESIVA A UMA CADEIRA

Como mencionei no livro *Spy Secrets That Can Save Your Life*, escapar de uma fita adesiva é muito fácil e é o modo mais corriqueiro de um criminoso prender suas mãos, pois ela é comum e barata. Também é muito fácil se libertar caso esteja preso a uma cadeira com fita. Tudo que precisa fazer é inclinar para trás o máximo que puder e, em um movimento rápido e contínuo, mover sua cabeça em direção aos joelhos (como se estivesse na posição de queda em um avião). Talvez tenha que repetir o movimento mais de uma vez antes de a fita se romper, mas é perfeitamente possível.

TÁTICA Nº 3: SOBREVIVA À OPERAÇÃO DE RESGATE

Embora você obviamente só queira ser resgatado, precisa saber que uma operação de resgate é altamente perigosa. Em geral, um resgate é tentado apenas quando as negociações de libertação fracassaram. Os resgates são tão caóticos quanto os raptos reais, ou talvez até mais, e você corre o risco de ser confundido com um dos sequestradores ou atingido por uma bala perdida.

Invente um Problema de Saúde

Você pode realmente facilitar desde o início um resgate mais seguro em seu cativeiro. Lembra-se do Tylenol que eu disse para pedir? É uma oportunidade perfeita para inventar um problema de saúde que pode acabar salvando sua vida. Deixe que o sequestrador saiba que você está ferido. Diga-lhe que tem uma dor persistente no abdômen, por exemplo. Pode dizer que realmente acha que foi ferido quando o chutaram. Desenvolva com persistência esse problema durante o cativeiro. Porém é importante não entrar em detalhes ou criar um problema de saúde que seja difícil de provar que realmente tem. Se disser que tem diabetes e precisa de insulina, ficará muito óbvio que está mentindo quando não entrar em coma diabético.

O Resgate Real

O que a maioria das pessoas não sabe é que a equipe de resgate fará uma série de sons adequados ao ambiente, por exemplo, uma buzina de carro, barulho de máquina, um cão latindo ou até um galo cantando (os sons dos animais seriam gravados previamente) se você estiver preso em uma área rural. Essa série de sons (são três sons consecutivos ou, talvez, dois sons curtos seguidos de um longo) alerta a equipe que é hora de invadir o local a partir de todos os pontos de entrada. É óbvio que não há um modo de você saber que tipo de som sua equipe de resgate usará como sinal antes de entrar. Mas, como refém, pode prestar atenção para ouvir os tipos de sons no ambiente onde está sendo mantido. Pode conseguir determinar quais seriam usados e ficar em alerta.

Quando a entrada é invadida e o resgate chega, seu falso ferimento pode entrar em ação. *Imediatamente.* Use-o para ter um motivo para se curvar, jogando seu corpo no chão, *de costas.* É a posição mais segura. De costas com mãos e pernas abertas e visíveis. Assim, a equipe poderá ver que você não tem uma pistola nem outra arma. É fundamental ficar deitado, porque o resgate estará pronto para atirar se perceber qualquer movimento acima da cintura. Se tudo sair como o planejado, você será retirado do local e receberá o atendimento médico necessário. Quando conseguir falar e pensar claramente, a polícia ou o FBI o interrogarão. Todos os detalhes observados durante o rapto serão coletados, ajudando a colocar seus sequestradores fora de circulação por um bom tempo.

ENCONTROS DE ESPIÕES: LINUS
À PROCURA DE VIAJANTES LEGALIZADOS

A verdade é que nós, algumas vezes, queremos viajantes legalizados tanto quanto os narcoterroristas, mas por motivos totalmente diferentes. Para nossos fins, um viajante legalizado é alguém que pode viajar de um país onde podemos operar facilmente para um país estrangeiro hostil, onde não podemos entrar com facilidade. Tal viajante conseguiria entrar no território hostil, coletar segredos e trazê-los de volta para nós em um território mais amistoso. Encontrei meu melhor viajante legalizado completamente por acaso. Eu estava trabalhando em Paris e espreitava a cidade. Decidi comprar algo para comer e entrei em um restaurante que servia pratos típicos do Oriente Médio. O lugar estava bem vazio. Peguei uma mesa com vista para a porta, sentei e pedi minha comida. Enquanto esperava, uma mulher jovem e atraente passou. Ela usava roupas de ginástica e tinha um ar confiante. Parou e se apresentou como GRETA, caminhou até a cozinha e voltou com minha comida. Era a proprietária do lugar. Conversamos um pouco e contei sobre "meu negócio". Meu disfarce naquele momento era de "agente de viagem". Ela me contou sobre o restaurante e como adorava servir comida de sua terra natal, Irã. Mal pude acreditar na minha sorte, e praticamente disse isso a ela. A única diferença foi que falei que precisava determinar a segurança para meus clientes viajarem para o Irã e adoraria ouvir mais sobre o assunto. Marcamos um jantar para a noite seguinte, quando o restaurante estaria fechado. Tivemos uma refeição adorável e pude ver de imediato que essa mulher tinha acesso. Casualmente ela me contou histórias de diferentes atividades nas quais seus irmãos e tios estavam envolvidos na sua terra e pude ver que essa informação poderia ser muito valiosa. Mandei verificar seus dados e tudo que disse era verdade. Consegui desenvolver a confiança dela bem rápido e não demorou muito para que me desse informações do Irã. GRETA viajava até lá várias vezes ao ano e sempre me trazia informações úteis. Descobri em minha carreira que os viajantes legalizados são uma das melhores ferramentas que um agente pode ter. Sempre serei grato a ela e ao trabalho que fez por nosso país.

CAPÍTULO SETE

PROTEGENDO AS MAIORES MENTES DO MUNDO DE PAÍSES ESTRANGEIROS HOSTIS

Como Viajar em Segurança Quando Outras Pessoas Querem Lhe Fazer Mal

MISSÃO: Localizar um ativo no país de destino e proteger o indivíduo de possíveis ameaças de outros países hostis. Determinar se o indivíduo está aberto para trabalhar diretamente com o Governo dos EUA. Obter informações sobre o trabalho do sujeito que pertence a XXXX XXXXXX XXXXX XXXXXXXX.

PARTICIPANTES: Agente Alvin Henry, agora referido pelo apelido OSCAR.

Hugo Thomas, agora referido pelo apelido/criptografia EZRA.

Elias Horvath, agora referido pelo apelido/criptografia ISAAC.

UM TIPO DIFERENTE DE ATIVO

Eu já vi de tudo um pouco. Tive momentos em que fiquei absolutamente apavorado e pensei comigo mesmo: "Não quero nunca mais fazer esse tipo de trabalho de novo." Voltava para casa e para minha família, tentando me convencer de que deveria ficar com eles. Mas então recebia uma ligação sobre uma missão e lá estava eu de novo. Também houve momentos em que mal pude acreditar em como era abençoado por fazer um trabalho da CIA. Uma dessas vezes em que me senti realmente afortunado foi quando estava protegendo os "ativos nacionais". "Ativo" neste caso significa algo diferente do que provavelmente você está pensando. Os tipos de ativo que eu protegia não eram propriedade nem produtos, e não pertenciam aos militares, como submarinos ou aviões. Eu protegia pessoas que eram tão brilhantes, suas mentes tão avançadas, que precisavam de proteção do Governo dos EUA. Essas pessoas geralmente eram matemáticos ou físicos, alguns dos maiores cérebros no mundo inteiro. Em muitos casos, elas tinham desenvolvido ou eram capazes de desenvolver algo tão valioso que muitos países o queriam. Isso significava que o ativo estava em constante perigo de ser sequestrado por um país estrangeiro hostil. Era meu trabalho assegurar que isso não aconteceria.

É LEGÍTIMO?

Na primeira vez que trabalhei com um ativo nacional quase fiz uma grande confusão. Os EUA queriam saber se o MATEMÁTICO X era um verdadeiro profissional. Embora eu seja treinado em muitas áreas, não teria como eu verificar se alguém era um gênio matemático extraordinário que valia a alta proteção do governo. Isso está fora do meu alcance. É preciso um ativo nacional para verificar as qualificações de outro; poucas pessoas são inteligentes o bastante para fazer isso. Então, me organizei para acompanhar o MATEMÁTICO Y (que já era um ativo nacional) para encontrar o MATEMÁTICO X. Y determinaria se X era tão brilhante quanto todos pensavam. Meu trabalho era proteger o MATEMÁTICO Y, mas também prestar atenção ao encontro. Eu posso não ter entendido toda a conversa sobre fórmulas matemáticas, mas realmente não queremos que um ativo nacional fale com outro ativo em potencial sem supervisão.

Tudo que precisávamos fazer era levar o MATEMÁTICO Y ao local do encontro. Mas ele é tão valioso que não sai em público com muita frequência. Colocar os dois caras juntos, em algum lugar onde poderiam ser identificados, era perigoso demais. O plano era voar com o MATEMÁTICO Y em um avião particular que pousaria no meio de um campo vazio. Então acompanharíamos Y até X. Parecia bem simples. Pousamos e havia um período de tempo até o encontro acontecer. Minha ordem era colocar o MATEMÁTICO Y de volta ao avião rapidamente.

Começamos a caminhar para o encontro, mas fomos parados por um importante obstáculo. Havia uma grande cerca bem no meio do campo, bloqueando o local para onde precisávamos ir. Comecei a ficar bem apreensivo. Eu tinha um trabalho para fazer e isso poderia atrapalhar tudo. Os minutos foram passando. Subi na cerca, puxei uma estaca e, para minha grande surpresa, consegui tirá-la do chão. Y olhou para mim como se eu fosse Hércules. Ele mal podia acreditar. Não contei que a cerca estava solta. Ele teve o encontro e voltamos para o avião em pouco tempo. Lembrando, esse caso foi moleza comparado aos outros.

ESPIÃO VERSUS ESPIÃO

DATA, HORA E LOCAL DE CONTATO: École Polytechnique, Paris, França, XX de novembro de XXXX.

PERSONALIDADE:

NOME/CRIPTOGRAFIA: ISAAC

IDADE: 47

ALTURA/PESO: 1,79m, 84kg

CABELO: Loiro, longo

ÓCULOS: Sim

PERSONALIDADE/COMPORTAMENTO/ATRIBUTOS: Reservado, calmo, tímido, antissocial. Desenvolveu a Fórmula X, determinada como uma contribuição valiosa para a matemática.

NACIONALIDADE/PAÍS: XXXXXX, XXXXXX

IDIOMAS FALADOS: Húngaro, inglês, romeno, alemão (pouco)

FAMÍLIA: Esposa XXXX XXXXXX (45), filha XXXXX XXXXXX (16), filha XXX XXXXXX (14), filho XXXXXX XXXXXX (12)

ENDEREÇO: XXXX Rue XXXXXXXX, Paris, França

Todos queriam ISAAC. Ele era brilhante e tinha descoberto algo que poderia impactar o mundo inteiro. Não era nenhuma surpresa que muitas pessoas queriam essa informação; melhor ainda, queriam ISAAC trabalhando em seu país. Os EUA ficariam contentes em tê-lo. Diferente de outros países, só pediríamos para ele trabalhar para nós e respeitaríamos sua decisão, qualquer que fosse. Alguns países hostis sequestrariam ISAAC na primeira chance que tivessem. Eles simplesmente o pegariam e o levariam para lá. Ele nunca veria sua família de novo e ela nem saberia o que aconteceu com ele.

Os EUA souberam que ISAAC apresentaria um estudo em uma conferência. Era uma grande notícia, por dois motivos. Primeiro, o país de origem de ISAAC o protegia muito e ele não tinha permissão para sair de lá. O único motivo para ele sair era porque tal país estava orgulhoso de seu feito. Eles queriam assegurar que o mundo soubesse que um cientista do País X tinha feito a descoberta. Segundo, a conferência era em um país amistoso. A França era um lugar onde um agente secreto norte-americano podia se movimentar com certa facilidade. Meu trabalho era garantir que ISAAC ficasse seguro. Isso pode parecer estranho, uma vez que ele não é norte-americano. O Governo dos EUA sabia quão arriscado seria se certas nações hostis tivessem ISAAC. Naturalmente, ficaríamos empolgados se ele viesse trabalhar conosco, mas minha prioridade número um era mantê-lo longe do perigo. Não podíamos deixar que ISAAC caísse em mãos erradas.

ELES SÃO ALVOS E ESTÃO SENDO VIGIADOS

Outra coisa que você precisa saber sobre os ativos nacionais: às vezes, eles perdem sua liberdade. Isso acontece em diferentes graus para tais gênios no mundo inteiro. A realidade é que suas mentes são tão valiosas que eles serão vigiados para o caso de ficarem expostos a uma situação difícil. Essa pessoa está viajando para algum lugar estranho? Está viajando com mais frequência que o normal? (A propósito, em alguns países os ativos nacionais não têm permissão para sair de lá, ao passo que outros só são proibidos de viajarem para certos lugares.)

As finanças de um ativo nacional também são monitoradas, uma vez que uma grande entrada de dinheiro é um sinal de alerta de que algo está acontecendo.

AS RELAÇÕES SÃO TUDO

Eu só tinha alguns dias para trabalhar, portanto, além de proteger ISAAC, tinha que tentar desenvolver uma ligação com ele muito rápido. Fui para a conferência e assisti à sua palestra, mal entendendo uma palavra. No almoço, notei que vários homens pareciam vigiar atentamente ISAAC. Consegui confirmar com meus colegas que esses caras eram, de fato, de um país bem hostil e sequestrariam ISAAC assim que pudessem. Fiquei tentado a me aproximar e alertá-lo sobre a situação, mas isso poderia causar um grande problema. Se outros espiões me vissem falando com ele, eu me queimaria para sempre. Seria óbvio que eu era um agente secreto e não queria que isso acontecesse. Tinha que encontrar outro modo de manter ISAAC longe desses criminosos. Tinha que agir rápido, e foi quando tive uma ideia. Eu vi EZRA de pé no canto da sala. Ele era uma das pessoas que organizavam a conferência, e tivemos uma conversa agradável naquela manhã. Fiz questão de ser cordial e amistoso, e deixei que ele soubesse como me sentia empolgado por estar em seu país.

QUEBRANDO REGRAS PARA SALVAR UMA VIDA

Chamei EZRA e lhe disse que precisava falar com ele imediatamente em particular. Ele pôde sentir que eu estava preocupado. Disse a ele que teríamos uma conversa franca e precisava que confiasse em mim. Foi quando eu quebrei as regras e admiti que estava na conferência em nome do Governo dos EUA. Contei que certos indivíduos estavam planejando sequestrar ISAAC e seria um desastre se isso acontecesse. O mundo estaria em perigo. Também seria terrível para o país de destino, e, além disso, um homem inocente seria afastado de sua família.

Eu sabia que, se esses caras estivessem planejando sequestrar ISAAC, isso significava que tinham veículos estacionados por perto. Pedi que um dos meus colegas descobrisse onde estavam os carros, e com certeza eles estavam do lado de fora. Disse a EZRA que precisava que ele encontrasse um modo de fazer os carros serem rebocados. De imediato, ele ficou um pouco confuso e surpreso, mas disse que faria isso. Passados apenas alguns minutos, houve o anúncio de que certos carros seriam rebocados. Sem dúvida, os caras que eu suspeitava trabalharem para o País X saíram correndo do prédio.

Lembro-me de quase rir comigo mesmo porque eles estavam usando sobretudo. Era como uma cena retirada de um romance de espionagem.

PENSE COMO UM ESPIÃO: FAÇA AMIZADE POR ONDE FOR

A ideia de que os espiões estão sempre entrando e saindo das sombras, nunca sendo vistos por ninguém, é totalmente errada. Embora seja óbvio que há momentos em que um espião não quer ser visto, na maioria das vezes ele sabe que ter conhecidos em todo lugar é essencial para seu sucesso ou mesmo sua sobrevivência. Os espiões conversarão com porteiros, motoristas de táxi, garçons, camareiras, qualquer pessoa que possa ser útil se algo acontecer. Todas as pessoas que você encontra em sua vida diária ou em uma viagem têm diferentes informações. Nunca se sabe quando essa informação lhe poderá ser útil ou mesmo salvar sua vida.

UM MOVIMENTO ARRISCADO

Finalmente encontrei ISAAC e fiz o melhor para convencê-lo a trabalhar para o Governo dos EUA. Resultado: ele não estava interessado. Mas isso não significava que eu não tentaria obter uma cópia do que ele tinha descoberto.

Eu sabia onde ISAAC estava hospedado e fui para seu hotel enquanto outras apresentações eram feitas. Atravessei o saguão como se fosse o dono do lugar e ninguém me questionou. Subi para o quarto andar e localizei o quarto dele. Estava trancado, claro. Mas por sorte eu vi uma camareira no corredor. Eu estava determinado a entrar naquele quarto, então dei um grande sorriso e expliquei a ela que precisava mesmo usar o banheiro, desesperadamente, mas tinha esquecido minha chave e queria saber se ela poderia ajudar. Até me contorci como um garotinho. Ela acreditou e me levou direto para o quarto de ISAAC. Ele não fez nenhuma questão de esconder suas coisas. Bem lá na mesa estava uma pilha de disquetes, claramente identificados com o nome de sua apresentação. Eu os coloquei no bolso, esperando que haveria informações valiosas neles. Mas eu não podia roubá-los. Depois da tentativa de quase sequestro, eu sabia que ISAAC estaria em alerta e informaria à polícia que faltavam disquetes. Tinha que fazer as cópias e voltar para o quarto com eles rapidamente para que ele não notasse sua ausência. Lembre-se de que isso foi antes dos computadores pessoais serem comuns, então eu tinha que encontrar um modo rápido de fazer as cópias.

PENSE COMO UM ESPIÃO: AJA COMO SE FOSSE O DONO DO LUGAR

Não estou sugerindo que faça algo ilegal, como invadir uma propriedade, mas há vezes em que pode ser preciso acessar uma área restrita. Talvez você esteja fugindo de alguém que acha estar seguindo-o ou tenha uma emergência e é o único lugar seguro para ficar. O segredo para acessar áreas restritas é simples: aja como se devesse estar no local. Não olhe em volta para saber quem está prestando atenção. Basta se comportar normalmente e é provável que ninguém o questione.

EZRA realmente me impressionou ao descobrir como rebocar os carros dos criminosos tão rápido. Simplesmente entrou em ação e fez acontecer. Pedi sua ajuda *mais uma vez*, lembrando-o de que minha presença ajudava a impedir um grande sequestro em sua conferência. Ele relutou, claro, mas concordou e copiou os disquetes para mim. Imediatamente enviei uma cópia para a minha equipe; então fiz o trabalho mais complicado de invadir de novo o quarto de ISAAC para devolver os disquetes. Limpei todas as minhas impressões digitais e assegurei que não houvesse vestígios da minha presença.

NASCE UM NOVO ESPIÃO

A última parte da minha operação envolvia uma reunião com a CIA em meu país anfitrião. O material foi analisado e percebemos que ISAAC tinha seu estudo e o trabalho confidencial do governo nos mesmos disquetes. Eram informações de maior significância. Não só havia informações sobre a Fórmula X (invenção de ISAAC), mas agora tínhamos o sistema de criptografia inteiro do País X. Foi uma grande jogada. Eu sabia que isso não teria acontecido sem EZRA. Seu pensamento rápido e desejo de ajudar os EUA foram vitais. Certifiquei-me de explicar isso para os agentes secretos no país de EZRA.

Fiquei satisfeito por ter cumprido minha missão. ISAAC estava seguro, conseguimos uma grande informação e eu ainda estava inteiro. Mais tarde, fiquei muito orgulhoso por receber uma recompensa maior pela operação. Sempre é bom ser reconhecido por seu trabalho. Mas não foi nada comparado com o que descobri alguns meses depois. Eu estava em outra operação, outro país, quando para minha surpresa encontrei EZRA. Acontece que o país dele ficou tão impressionado com suas habilidades que ele foi treinado para ser um agente secreto. Saber que outro espião tinha nascido e que eu tinha algo a ver com isso foi um dos momentos de maior orgulho da minha carreira.

SEU ESPIÃO INTERIOR

Os espiões enfrentam constantemente situações em que precisam tomar decisões em uma fração de segundo. Um colega descreve isso como estar no meio de um acidente de carro, com o veículo girando. O que você faz? Vira a direção ou freia? Você tem um momento para decidir antes de o carro bater direto no grande caminhão à sua frente. Na história que acabei de contar, OSCAR estava diante de uma grande decisão: quebrar as regras e dizer a EZRA que precisava de sua ajuda e que, na verdade, trabalhava para o Governo dos EUA ou arriscar que os bandidos sequestrassem ISAAC sob sua vigilância. O que seria pior? Os espiões sempre avaliam as situações ao se perguntar: "O que posso fazer? Quais são as possibilidades? Qual é a decisão certa para tomar com as informações que tenho agora?"

TÁTICA Nº 1: AVALIE SUAS OPÇÕES — O LOOP OODA

Para avaliar as situações e tomar a melhor decisão possível, caras como OSCAR usam algo conhecido como "loop OODA". Esse loop foi criado por um ex-capitão da Força Aérea chamado John Boyd para ajudar os pilotos a tomarem decisões durante um combate aéreo. Mas o loop pode ajudá-lo no processo de tomada de decisão em muitas situações diferentes, desde como reagir em uma emergência até tomar importantes decisões comerciais. O loop OODA é um processo de decisão em quatro partes que ajuda os agentes secretos a tomarem as melhores decisões possíveis e muito rápido. As quatro partes são: observar, orientar, decidir e agir.

Parte Um: Observar

Na parte um, você precisa avaliar a informação que tem no momento e verificar as informações do máximo de fontes possíveis. Quanto mais informação disponível, melhor a percepção que se tem. Faça a si mesmo as seguintes perguntas para garantir que está obtendo todas as informações disponíveis para você:

- Existem circunstâncias reveladoras que preciso saber?
- O que está acontecendo agora? Qual impacto direto isso tem sobre mim?

- Algo está acontecendo que pode me afetar indiretamente?
- Há algo acontecendo que pode impactar as coisas para mim mais tarde?
- Fiz previsões precisas sobre o que está acontecendo?
- Há uma grande diferença entre a previsão e o que de fato está acontecendo?

Parte Dois: Orientar

A ideia da parte dois é ficar mais ciente de como suas percepções impactam seu pensamento e/ou tomada de decisão. Com uma ideia mais clara de como *você* percebe as coisas, pode executar mais rápido o processo do loop OODA. Um desafio que a pessoa enfrenta durante este estágio é que a perspectiva é influenciada por suas próprias experiências de vida e percepções. Você também se reorienta o tempo todo conforme novas informações surgem pela fase de observação. Atente-se a estas cinco influências durante esta fase do loop:

- Tradições culturais.
- Herança genética.
- A capacidade de analisar e sintetizar a informação.
- Experiências anteriores.
- Novas informações.

Parte Três: Decidir

Neste estágio a decisão real é tomada, com base em suas observações e orientação. Mas qualquer espião dirá que, conforme novas informações continuam a fluir, seu processo de tomada de decisão pode ser impactado. Muitas coisas passarão por sua mente, desde para onde ir até como se mover, quando se mover, quem precisa evitar e como escapar. Quando aprender a percorrer o ciclo, perceberá que todas as informações da parte um são filtradas na fase de orientação, em que suas percepções basicamente ajudam a influenciar a decisão que você acaba tomando.

Parte Quatro: Agir

É quando sua decisão se torna uma ação. Mas é importante notar que a ação de fato reinicia o loop. Agora você deve analisar como a ação tomada mudou a situação. Deve observar de novo, orientar, decidir e, por fim, agir com base em como a situação agora está se desenrolando. Parece complicado (principalmente quando falamos sobre tomar decisões que mudam a vida em uma questão de segundos), mas, se você começar a praticar o ciclo, verá como sua mente afunila esse processo quase sem esforço. Ficar ciente de como a informação é processada pode ter um impacto enorme nos resultados quando se lida com uma grande decisão comercial ou com uma ameaça iminente.

TÁTICA Nº 2: VIAJANDO EM TEMPOS DE TERRORISMO

Todos nós acordamos, ouvimos as notícias e descobrimos que muitas vidas se foram em outra tragédia, como os ataques terroristas que ocorreram na França, Bélgica, Turquia e Alemanha. Viajar nunca foi tão complicado, e às vezes a ideia de sair de casa pode parecer devastadora ou até assustadora. Pode ser tentador cancelar uma viagem de negócios ou de lazer, mas acredito em se capacitar para poder viajar com confiança. Os agentes secretos são viajantes bem preparados; é assim desde antes de o terrorismo se tornar uma das maiores preocupações das pessoas. Para tanto, os espiões tomam certas atitudes ao viajar.

Faça Amizades por Onde For

OSCAR começou uma amizade com EZRA assim que chegou na conferência. É óbvio que naquele momento ele não tinha ideia que mais tarde pediria a EZRA para ligar para a polícia e conseguir que os carros dos possíveis sequestradores fossem rebocados. Mas é por isso que os espiões sempre fazem amizades. Sim, parte disso pode estar relacionada a procurar novas fontes de informação, mas não é só isso. Eles farão amizades para onde quer que viajem, porque nunca sabem quando uma delas acabará salvando suas vidas.

ENCONTROS DE ESPIÕES DURANTE A VIAGEM

MAX: UM QUASE ASSALTO

Eu estava em uma missão em Paris. Estava curtindo um jantar normal na cidade com um amigo; não era um encontro pessoal nem um jantar com um agente em potencial. Quando chegamos ao restaurante, fui cumprimentado pelo maître. Dei meu melhor para cumprimentá-lo em francês e informei que estava ansioso pela refeição. Fui gentil com todos, desde o ajudante até o garçom. Fiz muitas perguntas, mas de modo amistoso. Também os parabenizei pela comida, que estava incrível. Meu colega e eu estávamos satisfeitos depois de terminar nossas entrées, então pedimos a conta para ir embora. Então, um dos ajudantes apareceu; ele parecia nervoso e nos disse para ficar, sugerindo que pedíssemos uma sobremesa. Protestei de início, mas havia algo no modo como ele falava conosco que me fez pensar que deveríamos ficar. Acabamos comendo a sobremesa e pedimos outra bebida. A caminho da porta, perguntei discretamente ao ajudante: "Por que você quis que ficássemos?" Seu inglês não era bom, mas entendi o principal do que estava dizendo. "Esta área é famosa por causa de assaltantes. Eles pagam a alguns de nós para informá-los quando os norte-americanos saem do restaurante. Eu não queria que vocês fossem assaltados." Eu o agradeci, grato pelo que tinha ouvido e feliz mais uma vez por ter sido gentil com uma pessoa que teve a capacidade de me manter longe do perigo.

SAM: Um Quase Bombardeio

Nunca esquecerei o momento em que o concierge no hotel em que estava sugeriu que eu não saísse uma noite. Eu costumava fazê-lo para examinar a cidade onde estava trabalhando. Descobri que as pessoas na recepção de um hotel em um país estrangeiro realmente têm ouvidos atentos sobre o que acontece, então sempre sou muito gentil com elas. Dou boas gorjetas e sempre as cumprimento com muita cordialidade quando entro e saio do hotel. Na noite em que ele me disse para ficar, terroristas bombardearam uma discoteca frequentada por norte-americanos. Não posso dizer que é para onde eu teria ido, mas o agradeci pelo esforço de me manter seguro.

Como se pode ver, estabelecer uma ligação com pessoas diferentes ao viajar pode ajudar a manter sua segurança ou, pelo menos, tornar sua viagem mais agradável. Fazer uma conexão com todos, desde o concierge e a camareira até garçons e lojistas pode fazer uma enorme diferença se você está no exterior durante uma emergência. Nunca se sabe quando eles podem lhe dar uma sugestão ou fornecer informações essenciais sobre o que fazer se houver uma emergência.

Siga estas dicas de espião para ficar seguro ao viajar.

Apoie a Economia Local

Isso significa frequentar os mesmos lugares que os moradores. Não fique no hotel e não coma em restaurantes de turistas. A verdade, de modo geral, é que os terroristas têm menos probabilidade de explodir seu próprio povo.

Vá Fundo na Cultura

Isto faz parte de espreitar uma cidade estrangeira. Faça uma conexão com as pessoas que fornecem serviços. Agradeça-as quando for adequado e converse sobre família e filhos. Diga o quanto está gostando de ficar em seu país. Pesquise os costumes do local antes de viajar. As pessoas dão as mãos ou o toque é considerado inadequado? Olhar nos olhos é importante ou ofensivo? Seus esforços sempre serão valorizados, eles podem mantê-lo a salvo.

Pratique o que os Agentes Secretos Chamam de "Sorriso Personalizado"

Ao se apresentar a alguém, quando a outra pessoa disser o nome dela, repita-o enquanto lhe dá um sorriso grande, mas sincero. No subconsciente isso causa um impacto positivo e encoraja uma imediata sensação de confiança.

QUANDO SE DEVE EVITAR AS EMBAIXADAS

Recomendo descobrir onde está a embaixada ou o consulado de seu país antes de viajar para o exterior. Podem acontecer coisas inesperadas, por exemplo, passaportes são perdidos ou roubados, ou alguém fica gravemente doente, e a embaixada pode ser uma grande ajuda. Mas há vezes em que você deve evitá-la. Se estiver no exterior e acontecer um grande ataque terrorista, em especial um que seja contra os ocidentais, eu não recomendaria ir para a embaixada. Se os ocidentais são o alvo, é bem possível que a área imediatamente em volta das embaixadas seja perigosa. Nesse caso, diria para ficar em áreas com menos possibilidade de haver ocidentais até que a crise imediata seja superada.

Fundamentos da Viagem de um Espião

No livro *Spy Secrets That Can Save Your Life*, descrevi algumas regras básicas de segurança ao viajar, como quais assentos nunca reservar em um avião e como ficar seguro em um táxi. Agora compartilharei algumas táticas de segurança de alto nível que os agentes secretos sempre seguem. Espero que você não permita que o medo o impeça de viajar a trabalho ou tirar férias maravilhosas com sua família. Faça questão de ser cuidadoso e assegure sua segurança e a de sua família tomando as seguintes medidas.

Kit Pronto de Viagem: O que Levar com Você

Infelizmente, terrorismo é uma grande preocupação atualmente. Mas existem alguns itens baratos que se pode levar facilmente e podem salvar sua vida. Eles também serão valiosos se você ficar preso em um grande incêndio no hotel.

Lanterna: um item simples que você pode pensar em não levar nas férias. Se a luz acaba durante um incêndio ou quando você está em uma estação de trem lotada, será possível enxergar o caminho e as saídas. Isso pode significar a diferença entre a vida e a morte.

Máscara P100: no caso de um ataque químico, essa máscara pode realmente filtrar grande parte dos produtos químicos nocivos, assim como cinza, poeira e outras toxinas que estarão suspensas no ar. Elas podem ser encontradas por menos de US$10. Recomendo ter uma com entrada de ar. Se estiver correndo, não ter ventilação poderá sobrecarregar sua respiração e dificultar a fuga. Compre uma máscara para cada membro da família.

Óculos de Proteção: em um grande desastre, como quando as Torres Gêmeas caíram em 11 de setembro, a fumaça e a poeira são tão espessas que as pessoas são forçadas a fechar os olhos enquanto fogem. Ter óculos de proteção à mão permitirá que você mantenha os olhos abertos, facilitando escapar em segurança.

Cinto Ajustável de Combate, Corda (com cerca de 6m) e um Mosquetão: um cinto de combate lembra muito um cinto comum. A única diferença é que ele aguenta 2.200kg. Você pode usar o cinto e a corda para descer os membros da família até um lugar seguro em caso de incêndio ou explosão. A corda também pode ser usada para amarrar as mãos de seus filhos às suas, prendendo-os a você, caso precisem escapar.

Capas de Chuva Baratas e Bem Coloridas: não serão úteis apenas se estiver chovendo durante a viagem — uma capa de chuva amarela ou laranja brilhante pode ser um excelente modo de distinguir sua família em uma emergência. É possível identificar a todos pela cor viva, facilitando ficar juntos ou localizar um membro, caso se separem.

Multiferramenta: útil para abrir algo, cortar cordas e outros.

Antibióticos: acredito que você deva levar antibióticos. No caso de uma situação de extrema urgência, pode ser impossível ter acesso a esse remédio de combate à infecção.

FERRAMENTA FAVORITA DO ESPIÃO: OS MELHORES ESCONDERIJOS DO HOTEL

Realmente espero que você nunca esconda seu dinheiro ou outros objetos de valor embaixo do colchão do hotel ou no reservatório do vaso sanitário. É o primeiro lugar em que um criminoso procurará. Se for realmente preciso esconder algo no quarto do hotel, recomendo dois lugares.

TORNEIRA DA BANHEIRA: basta enrolar o item que você quer esconder na torneira e envolver com papel higiênico para ele não cair. Se fizer isso, use o sinal "Não Perturbe" na porta para que a camareira não encontre durante a limpeza.

VARÃO DA CORTINA DO CHUVEIRO: requer um pouco mais de tempo e energia, mas é um bom esconderijo. Use a multiferramenta para soltar uma das extremidades do varão da cortina e esconda seu dinheiro ou itens de valor dentro dele.

ENCONTROS DE ESPIÕES: CORMAC
INFILTRANDO-SE NO CÍRCULO

Às vezes há grupos nos quais você não consegue entrar, não importa o que faça. Nessas situações é preciso encontrar alguém que seja tão interessante que seu alvo não conseguirá resistir. Ele deixará o cara entrar no círculo, achando que conseguiu uma grande vantagem, mas na realidade essa pessoa está coletando segredos e enviando-os para você.

É uma situação que presenciei muitas vezes em minha carreira. Vejamos o Irã, por exemplo. Você simplesmente não consegue se aproximar de um professor ou um pesquisador iraniano esperando poder trabalhar com ele e finalmente fazê-lo contar segredos sobre o programa nuclear. É impossível. Nessa situação, é preciso usar um agente infiltrado. É o mesmo processo de identificar, acessar e desenvolver, mas a única diferença é que, nesse caso, você encontra outra pessoa que possa se infiltrar no círculo. Tive seis codinomes diferentes e imagine que posso ser um escocês amistoso em um jantar oficial ao encontrar alguém sobre quem comecei a fazer um dossiê. Estou interessado nesse cara porque ele convive com pessoas que têm acesso às informações que queremos. Ele não tem a informação, mas está ligado a pessoas que têm.

Posso começar a conversar com ele sobre como nossos países precisam estreitar relações, talvez mantendo a conversa apenas sobre economia. Eu não citaria nada nuclear. Eu o deixo confortável para compartilhar suas visões políticas. Descubro algo que ele pode conseguir facilmente para mim. É como um trabalho secundário: ele consegue algo e eu lhe dou um pouco de dinheiro. Posteriormente, assim que ele se acostumar com a natureza clandestina da relação, as missões começam a ficar mais difíceis, porém ele recebe mais dinheiro. Por fim, é um agente completo. Está infiltrado no círculo para mim, obtendo informações das pessoas às quais não tenho acesso. Ele não está me revelando seus próprios segredos, mas os de seus associados, amigos e colegas de trabalho.

CAPÍTULO OITO

TRANSFORMANDO UM SOLDADO EM ESPIÃO

Como um Agente Iniciante Ensinou um Herói de Guerra Condecorado a Fazer Brush Passes, Entregas Rápidas e Usar Sinais para Ajudar os EUA

MISSÃO: Encontrar um indivíduo para se infiltrar no território hostil no Vietnã do Norte, ajudá-lo a preparar uma operação clandestina que o permitirá organizar, coletar e passar informações para os agentes secretos dos EUA.

PARTICIPANTES: Agente Henry Frazier, agora referido pelo apelido CORMAC.

Trang Ngu, agora referido pelo apelido/criptografia REX.

MEU PRIMEIRO AGENTE

Nunca esqueci REX. Ele foi o primeiro agente com quem trabalhei e acabou sendo uma operação desafiadora. REX era um herói de guerra altamente condecorado que ficou ferido muitas vezes em batalha. O mais extraordinário era que ele queria fazer algo realmente significativo para o Governo dos EUA. Outro agente tinha descoberto REX e, antes de designá-lo a mim, constatou que ele estava disposto a "desertar". Isso significava que ele deixaria que nós o fizéssemos "desaparecer". Ele seria tirado do Camboja por um traficante de pessoas e apareceria na embaixada norte-vietnamita dizendo que queria desertar. Seria impossível resistir a um herói de guerra de outro país. Alguém como REX, que era militar, teria muita informação e segredos valiosos. Era bem possível que eles o deixassem desertar. Assim que REX se instalasse, nós o prepararíamos com tudo que precisaria para nos repassar os segredos. Esse era o plano.

UM TRAFICANTE DE PESSOAS CORRUPTO

Infelizmente para REX, a primeira vez que tentamos fazê-lo desaparecer foi um completo desastre. Tínhamos feito parecer tudo o mais real possível, ou seja, REX tinha sido levado do país por um verdadeiro traficante. O Governo dos EUA não podia mandá-lo com alguém que apenas fingia ser traficante. Se fossem pegos ou se o governo vietnamita decidisse fazer alguma investigação, precisava descobrir imediatamente que o traficante era mesmo um criminoso. A situação precisava parecer legítima. Então REX trabalhou no mercado negro para encontrar um traficante de pessoas para tirá-lo do Vietnã do Sul e ajudá-lo a cruzar a fronteira do Camboja. O próximo movimento de REX seria entrar no Vietnã do Norte, ir para a embaixada e pedir asilo. Foi uma confusão. O traficante pegou o dinheiro e o abandonou, deixando-o sozinho na selva, sem nada. REX era forte e muito determinado. Ele conseguiu voltar pela selva e comunicou-se com seu agente logo depois, informando que não tinha conseguido. Nesse ponto, os EUA decidiram que seria uma boa ideia dar a ele outro treinamento antes que tentasse desertar de novo. Então, ele foi designado para mim.

TREINANDO REX

DATA, HORA E LOCAL DE CONTATO: Esconderijo, abril de XXXX, LUGAR AINDA CONFIDENCIAL.

PERSONALIDADE:

NOME/CRIPTOGRAFIA: REX

IDADE: 26

ALTURA/PESO: 1,67m, 69kg

CABELO: Curto, estilo militar

ÓCULOS: Não

PERSONALIDADE/COMPORTAMENTO/ATRIBUTOS: Fácil de se adaptar, habilidoso, raciocínio rápido. Mostra dedicação e determinação. Sofreu preconceito e mostra grande interesse em ajudar os EUA. Ferido várias vezes, bem recuperado.

NACIONALIDADE/PAÍS: Sino-vietnamita, Vietnã

IDIOMAS FALADOS: Vietnamita, chinês, inglês

FAMÍLIA: Mãe XXXX XX (51), pai XXXXX XX (55), irmão XXX XX (16), irmão XX XXXX (15)

ENDEREÇO: Instalações militares

REX e eu nos instalamos juntos em um esconderijo, e a ideia era passar os três meses seguintes treinando-o. Trabalharíamos em uma espionagem básica, assim como nas habilidades de criptografia e descriptografia. Um dos trabalhos mais importantes de um agente é proteger seus ativos, portanto levamos muito a sério o treinamento dos agentes. Até realmente fazê-lo, muitas pessoas não conseguem conceituar um brush pass, ponto de entrega ou como usar sinais ou um dispositivo de disfarce. Esses movimentos podem parecer fáceis, mas, ao ver alguém tentar executá-los, é uma grande confusão. É preciso trabalhar de perto com um agente e descobrir o que funciona melhor ao comunicar e passar informações para essa pessoa. Treinar REX foi bom, ele era esperto e muito interessado, mas tive alguns desafios incomuns sem nenhuma relação com o treinamento de espionagem em si.

REX deveria ficar no esconderijo, totalmente fora de visão. É óbvio que não queríamos que ele fosse visto comigo. Mas aparentemente ficar confinado o tempo todo era demais para ele, pois acabei percebendo que estava escapando e até conseguindo se encontrar com garotas. Isso me deixou muito nervoso, por motivos óbvios. Era o meu primeiro caso e não queria estragar tudo, mas descobri que não conseguiria mesmo manter esse cara prisioneiro pelos próximos três meses. Acabei concordando em passear de carro com ele; até o deixava em lugares e o pegava para jantar de vez em quando. Achava que as chances de ele não ser pego poderiam ser melhores se eu ficasse por perto, vigiando-o. Ele sempre usava roupas comuns, e isso ajudava. Saíamos somente após escurecer, e eu escolhia lugares que considerava relativamente seguros. Por sorte, nunca fomos pegos.

COMO É UM ESCONDERIJO DE VERDADE?

Há muitos tipos diferentes de esconderijos mundo afora. Eles variam desde um quarto de hotel aleatório e comum usado como esconderijo temporário até uma casa normal no subúrbio. Alguns têm o que é conhecido como "zelador do esconderijo". É um cidadão normal com um trabalho bem incomum. Pode ser um rapaz, solteiro, que sai para trabalhar todo dia como a maioria das pessoas. Mas ele tem um trabalho muito interessante: mantém o local abastecido e preparado para qualquer agente que possa precisar entrar e sair. Ele também busca os agentes no aeroporto. Há chances de que os vizinhos nem notem. Aparenta ser uma pessoa comum que, de vez em quando, recebe visitas durante a noite.

Às vezes, sobretudo em zonas de guerra, bases militares são usadas como esconderijos temporários. Alguns agentes têm uma identificação que os permite entrar em qualquer base aérea norte-americana no mundo. Mas a maioria dos agentes secretos dirá que nunca se deve levar um ativo secreto a tal base porque ele não pode ser visto. Ele deve ficar em segredo, mesmo para as pessoas em uma base. Em certas partes do mundo, isso causaria problemas, como a pessoa ser executada. Ao lidar com um ativo secreto, é melhor transferi-lo para um depósito ou outro local seguro.

O CARA ERRADO E A GRANDE LIÇÃO

Tive um incidente muito constrangedor certa noite ao buscar REX. Foi um erro de principiante, mas também aprendi como é importante ter cuidado ao pegar seu agente, ou o cara que você *pensa* ser ele. Eu queria que REX passasse despercebido, então ele se vestia de propósito como as outras pessoas. Era uma área mais pobre e rural, então ele usava roupas simples. Infelizmente para mim, REX pode ter se adaptado demais. Eu estava dirigindo em uma estrada de terra calma no início da noite. Tinha combinado um horário com REX para buscá-lo nessa estrada. Pude vê-lo a alguns metros à frente. Estava usando bermuda, camisa com botões e chinelos. Diminuí a velocidade e REX não virou; achei que ele sabia que era eu no carro. Em geral o que eu fazia era desacelerar e REX pulava rápido no banco de trás. Tínhamos feito isso muitas vezes antes e eu nem precisava parar. REX entrava e eu já começava a conversar. Dessa vez, ele não respondeu, o que não era normal. Virei e logo percebi que tinha cometido um grande erro. Não era REX. Peguei uma pessoa totalmente diferente. Percebemos que ambos havíamos cometido um erro. Imediatamente ficou óbvio que ele também era um agente, pois percebeu que eu não era seu agente. Ele saiu do carro e eu saí à procura de REX, finalmente encontrando-o. Minha única escolha era ver pelo lado bom. Fiz confusão, mas agora sabia que o cara que peguei estava trabalhando para outra pessoa, e não necessariamente para o Governo dos EUA. Teria que ficar de olho nele daquele momento em diante.

PENSE COMO UM ESPIÃO: ESTEJA PREPARADO PARA SER FLEXÍVEL QUANDO NECESSÁRIO

É óbvio que teria sido ruim se REX fosse reconhecido. Mas ficou claro para CORMAC que, embora REX fosse um excelente agente e estivesse assimilando o que era ensinado muito rápido, o problema com o cara era que ele não gostava de ficar quieto. REX não tinha interesse em ficar dentro de uma casa por três meses. Em vez de forçar, CORMAC decidiu que tentaria controlar a situação da melhor maneira ao levar REX para sair. Podia não ser o ideal, mas poderia controlar para onde e quando REX iria. Se CORMAC tivesse insistido em forçar regras rígidas, provavelmente REX teria saído de qualquer jeito, mas sozinho, sendo muito mais provável ser pego, o que acabaria com a operação. Não sabote uma situação recusando-se a ser flexível.

COMUNICAÇÕES CLANDESTINAS

REX era um excelente aluno e aprendia rápido. A primeira coisa que lhe ensinei foi como usar o leitor de micropontos, que é um pequeno pedaço de acrílico com cerca de 1cm que funciona como uma lupa. Uma câmera de micropontos capturaria o texto da mensagem que queríamos enviar e a reduziria a algo com o tamanho aproximado de um ponto-final. Qualquer correspondência normal poderia conter uma mensagem secreta na forma de um microponto, legível apenas por pessoas com acesso a um leitor.

Também trabalhamos com a chave de uso único (OTP, na sigla em inglês), que é outro meio de usar um código secreto para a comunicação. O recruta e o agente teriam uma cópia da OTP, com um deles tendo a chave para codificar e o outro, a chave para decodificar. O texto é correlacionado a chaves secretas aleatórias listadas em grupos de cinco dígitos. As folhas das chaves de uso único nunca são usadas duas vezes (daí o nome), tornando quase impossível decifrar. Depois de a folha ser usada, ela é destruída. Assim que REX dominasse esses diferentes meios de comunicação secreta, eu o ensinaria a usar a ligação de voz unidirecional (OWVL, na sigla em inglês). Isso significava que REX poderia sintonizar em certa frequência de rádio com ondas curtas e esperar ouvir um número específico de cinco dígitos, que era um sinal para ele. Após o código do sinal, haveria a mensagem real que REX precisava ouvir (criptografada, claro). Então, ele anotaria os números e decodificaria a mensagem usando um livro de códigos em miniatura.

CONTRABANDEANDO REX E O EQUIPAMENTO

DATA, HORA E LOCAL DE CONTATO: Esconderijo, agosto de XXXX, LUGAR AINDA CONFIDENCIAL.

Quando sentimos que REX estava pronto para tentar ser contrabandeado de novo pela fronteira, percebemos que tínhamos outro obstáculo a vencer. Agora que ele tinha treinado as habilidades de comunicação secreta, queríamos que tivesse acesso a um leitor de micropontos, livros de código e um rádio de ondas curtas. É evidente que REX não poderia ser contrabandeado para um país hostil carregando essas coisas. Ele não levaria nada, exceto roupas na mochila e comida. Todos os materiais seriam levados até ele em segredo. E era onde começava nosso problema. Podíamos encontrar um modo de passar as coisas que ele precisava pela fronteira secretamente, mas precisávamos de um modo de comunicar a REX que os itens estavam prontos para ser pegos. Depois de muito planejamento e trabalho engenhoso da equipe técnica, conseguimos entregar a REX um simples par de chinelos que tinha um compartimento secreto. Era grande o bastante para um leitor de micropontos e um livro de códigos em miniatura. Agora tínhamos como manter contato com ele e informar quando outros materiais necessários estariam prontos para ser recuperados.

UMA CONFUSÃO QUE NOS CUSTOU TUDO

Pedimos que REX contatasse novamente um contrabandista e torcemos para que desse certo. Agora o plano era REX ser contrabandeado para Phnom Pen, capital do Camboja. Assim que chegasse lá, encontraria uma hospedagem em Hong Kong. Um ponto de entrega também foi abastecido com alguns itens essenciais: dinheiro sempre necessário e a primeira mensagem que ele decifraria com o leitor de micropontos.

Depois de REX "desaparecer", levou um tempo para ele ser considerado um desertor. Quando finalmente aconteceu, a notícia foi muito difícil para a família dele. Eles não sabiam nada sobre o que REX fazia e a deserção era uma vergonha.

Aguardava ansioso por uma comunicação. Estava em uma posição difícil, porque o Vietnã do Norte era uma área proibida para os EUA. Não tínhamos embaixada lá nem instalações seguras. A única ajuda que teríamos era de um ativo no escritório de Hong Kong. Dei um grande suspiro de alívio quando recebemos notícias de que REX tinha atravessado em segurança. Ele chegou intacto, mesmo tendo sido novamente roubado pelos contrabandistas. Depois de descriptografar sua primeira mensagem com micropontos, ele sabia que deveria ir para uma biblioteca em Phnom Pen. Havia um ponto de entrega aguardando por ele, escondido com cuidado embaixo de uma estante de livros na seção de história. Ele nos avisou que tinha pegado a entrega e recebido o pacote ao inserir um alfinete na parede perto do banheiro para que nosso ativo pudesse vê-lo. Parecia que tudo havia começado bem.

A próxima tarefa de REX era comprar um rádio de ondas curtas para que pudéssemos continuar nos comunicando com ele. Ele fez isso e transmitiu uma mensagem dizendo que estava seguro e procuraria a embaixada norte-vietnamita no dia seguinte. Quando chegou ao local, foi recebido por um capitão do Exército e explicou que queria desertar. REX foi interrogado por duas horas angustiantes e finalmente disseram para voltar em duas semanas, pois fariam uma investigação. Duas semanas pareciam muito tempo, mas eu estava confiante de que a história de REX passaria. Ele era um herói de guerra condecorado e isso foi documentado nos jornais. A história dele podia ser verificada facilmente.

Todos nós aguardamos ansiosos até a próxima entrevista de REX na embaixada. Quando ele chegou lá, foi informado que eles ainda não tinham terminado a investigação. É certo que isso deixou todos apreensivos. Ficou claro que REX estava sendo enganado e eu não queria que ele acabasse preso. Tentei feito louco fazer meu chefe de operações tomar uma atitude, mas fiquei frustrado. Chegaram a me dizer o seguinte: "Passar uma noite ou duas na cadeia seria bom para a história dele." Eu não estava conseguindo nada e fiquei preocupado com a segurança de REX. Infelizmente, a situação piorou. Logo recebi uma mensagem que dizia:

ONDE ESTÁ VOCÊ, POR QUE ESTÁ ME IGNORANDO? POR QUE ME ABANDONOU? PRECISO DE DINHEIRO E A SITUAÇÃO É MUITO RUIM. VENDEREI MEU RÁDIO, LEITOR DE MICROPONTOS E OTPs, NÃO TENHO ESCOLHA, RESPONDA, POR FAVOR.

O capitão no Vietnã do Norte continuou a arrastar a situação e não havia nada que eu pudesse fazer. Logo ficou claro que havia uma confusão que estava causando um problema grave. Eu tinha enviado a REX mensagens secretas via rádio de ondas curtas, mas era óbvio que ele não as recebia. Logo ficou claro que ele tinha confundido o fuso horário e estava ouvindo nossos sinais na hora errada. Ele ouvia com paciência o rádio, esperando escutar o sinal e receber uma mensagem nossa, mas nunca a ouviria e outra comunicação era impossível. Sua última mensagem dizia que tentaria chegar aos vietcongues sozinho. Mas nunca chegou. Pouco depois de termos recebido essa comunicação de REX, houve grandes ataques de B-52 na Trilha Ho Chi Minh. Concluímos que REX foi morto. Essa história teve um fim trágico. Um ano depois ele foi dado como morto. Não havia como ele ter sobrevivido. Sua família nunca soube o que ele fez, mesmo quando receberam US$10 mil em dinheiro pelo correio. Eles nunca souberam o que aconteceu ou de suas ações heroicas. Ele morreu com sua família pensando que tinha desertado.

PENSE COMO UM ESPIÃO: PRESTE ATENÇÃO A CADA DETALHE

Nesse caso, foi cometido um grande erro que poderia ter sido facilmente evitado, e as consequências foram mortais. Infelizmente, é comum fazer planos e eles não darem certo quando não levamos em conta um detalhe simples, mas essencial, como o fuso horário. Verifique duas vezes os detalhes ao fazer planos para evitar erros que levem à frustração, custem tempo, dinheiro ou vidas.

SEU ESPIÃO INTERIOR

É certo que a tecnologia mudou muito desde os tempos da Guerra Fria, dando aos agentes secretos modos mais novos e sofisticados de coletar informação. Mas qualquer espião dirá que nenhuma tecnologia pode superar a informação coletada com HUMINT clandestina, também conhecida como espionagem. Isso significa que os agentes secretos ainda precisam ser muito habilidosos nessa estratégia. Passar e receber informações reais de outras pessoas ainda é uma parte crítica de seu trabalho. Essas táticas não são difíceis de dominar com prática e também são divertidas; nós praticamos estas e muitas outras na Ultimate Spy Week, www.UltimateSpyWeek.com [conteúdo em inglês].

TÁTICA Nº 1: TÉCNICAS OPERACIONAIS DE HUMINT CLANDESTINA

Brush Passes

Quando um espião precisa passar um item para outro agente fisicamente, ele faz um brush pass. Quando executado do modo certo, ninguém verá que o item mudou de mãos; os observadores apenas verão que os agentes se cruzaram de modo casual, sem notar que trocaram itens idênticos. É provável que você não tenha que passar algo para alguém sem ser detectado, mas os brush passes são divertidos e fáceis de praticar. Para ter êxito, é melhor estar em uma área com muitas pessoas andando, o que dificultará a percepção de que você passou o objeto. É preciso predeterminar com o outro agente o tipo de item que vocês terão em mãos. Eles devem ser idênticos. Pode ser uma revista, jornal, pasta ou até guarda-chuva. A pessoa coloca o recado ou o objeto dentro do item que será passado. Assim que os agentes se reconhecessem, trocam os itens rapidamente. Conforme cada um segue seu caminho, parece que ainda está com o objeto original em mãos.

Pontos de Entrega e Dispositivos de Disfarce

Quando um agente como CORMAC precisa entregar informações ou materiais a um agente como REX, ele utiliza um ponto de entrega. É um modo padrão de passar algo para outra pessoa em segredo. Embora um objeto simples como um jornal funcione bem para um brush pass, um dispositivo de disfarce é necessário para um ponto de entrega. Na história, alguns itens surpreendentes e engenhosos foram usados como dispositivos de disfarce. Mensagens secretas foram colocadas em rolhas de vinho e moedas. Informações foram inseridas dentro dos dentes. E, acredite se quiser, em certa época era comum usar animais mortos como dispositivos de disfarce. Assim que os *agentes secretos* descobriram que espalhar molho de pimenta em animais mortos afastava outros animais, itens secretos preencheram carcaças que, depois, eram costuradas. Embora tais objetos sejam interessantes, você ficará aliviado em saber que algo tão simples como uma caixinha servirá muito bem. Basta lembrar o seguinte ao preparar um dispositivo de disfarce para um ponto de entrega:

- Embora o objeto precise ser identificado pela pessoa que o pegará, você deve assegurar que ele ficará camuflado no ambiente. Não use algo estranho ou muito interessante que outra pessoa fique tentada a pegar.

- Enquanto "oculta" seu dispositivo de disfarce, lembre-se de que está escondendo-o da vista de todos, mas seu agente precisa conseguir encontrá-lo sem levantar suspeitas. Embora não deva ficar visível, não o oculte tão bem a ponto de a outra pessoa ter que vasculhar por muito tempo. Isso chamará atenção para a situação.
- Conheça a cultura da área e como ela pode impactar seu ponto de entrega. Se estiver em um local onde as ruas são limpas regularmente, pense com cuidado sobre onde colocar o item. Os espiões que trabalharam no Japão sabem que é um lugar muito limpo. Qualquer dispositivo disfarçado como lixo provavelmente seria pego.

PONTOS DE ENTREGA: NÃO COMETA ERROS

NÃO OLHE PARA TRÁS

- Você deve saber que este é um erro de principiante que pode arruinar seu ponto de entrega. Assim que realizá-la, continue seguindo em frente e não olhe para trás. É da natureza humana deixar um objeto e virar para ver se alguém está observando. Mas esse movimento é um sinal óbvio de que você fez algo suspeito, e isso chama atenção para o que deixou para trás.

NÃO EXAGERE

RON precisava passar informações para outro agente. Ele colocou as informações em um saco plástico e enfiou sob uma pedra perto de um local predeterminado perto de um rio. Alguns dias se passaram e ficou claro que a pessoa que deveria pegar a entrega não o fez. RON voltou ao local para ver o que aconteceu e foi quando percebeu que tinha cometido um grande erro. Tinha chovido e havia muita lama, muitas poças e todas as pedras mudaram de lugar. Nem ele conseguia encontrar a pedra onde deixou a entrega. RON descobriu como o clima pode estragar um ponto de entrega e nunca mais cometeu esse erro.

FERRAMENTA FAVORITA DO ESPIÃO: ESPIGA DE MILHO COMO DISPOSITIVO DE DISFARCE

Acredite se quiser, minha ferramenta de espião favorita foi inspirada por uma lembrança de infância, quando ia a feiras agropecuárias. As pessoas pegavam uma espiga de milho, comiam e, às vezes, nem se importavam em colocar no lixo, jogavam no chão. Muitos anos depois, ao trabalhar como agente secreto em um país estrangeiro, eu caminhava pela rua quando encontrei uma tartaruga mordendo uma espiga jogada. Ela comia como uma pessoa, mastigando cada milho que restava, sem pegar a espiga. Percebi que no país onde eu estava naquele momento era comum que as pessoas jogassem as espigas no chão, assim como na feira agropecuária. Comecei a pensar que seria um perfeito dispositivo de disfarce. Era algo frequente e ninguém tocaria nele. Se um detetive soubesse onde olhar, poderia pegar a espiga com facilidade e acessar os materiais secretos em seu interior. Este se tornou meu dispositivo de disfarce favorito de todos os tempos.

Naturalmente, havia partes do mundo onde minha espiga não funcionaria, pois não combinaria com o ambiente. Nestes casos, usei coisas como embalagens vazias de bebidas energéticas, maços de cigarro, tijolos falsos e até tubos de hidratante labial vazios. É divertido e acabei adquirindo um hábito — não posso nem andar por um estacionamento sem ver um lixo perdido e imaginar se aquela lata de refrigerante vazia, na verdade, não contém informações secretas. Provavelmente não, mas não consigo evitar. Foram longos anos de treinamento em ação.

TÁTICA Nº 2: PONTOS DE ENTREGA MÓVEIS

Lançamento no Carro

Lançar algo dentro de um carro pode ser um excelente modo de passar informações; é como um ponto de entrega em movimento. Há algumas maneiras de fazer isso. Uma delas é a pessoa no carro desacelerar e jogar um objeto pela janela para a outra pessoa pegar. Um colega adora usar uma meia para esconder os itens secretos que lançará. A pessoa pode rodar a meia (como se fosse jogar um laço) e jogá-la com certa velocidade se necessário. Em contrapartida, um agente pode jogar algo dentro do carro quando ele está em movimento. É óbvio que precisa ser feito com cuidado para não deixar claro que algo está sendo jogado para dentro ou para fora do carro. Também é possível prender um dispositivo de disfarce no carro para que a outra pessoa recolha quando estiver estacionado. A pessoa pode jogar um objeto enquanto está andando (chamado de lançamento a pé). Seja simples e aja normalmente.

Após executar um lançamento no carro ou a pé, sempre faça a rota de detecção de vigilância para garantir que não está sendo seguido.

TÁTICA Nº 3: ACHO QUE JÁ O VI ANTES — COMO RECONHECER AS PESSOAS

Conseguir reconhecer as pessoas em ambientes diferentes é uma habilidade muito importante para um espião e também é muito difícil de dominar (sobretudo como vimos no relato de CORMAC, que pegou por engano o agente errado em um ponto de encontro). Muitos *agentes secretos* admitirão que reconhecer rostos é algo que exige esforço e prática contínua. Todos nós já passamos por uma situação na loja, na escola dos filhos ou na igreja quando alguém se aproxima de modo amistoso e diz olá, e você não tem ideia de quem seja. É embaraçoso, mas pelo menos não o coloca em uma situação perigosa. Ser capaz de reconhecer pessoas em seu ambiente pode ajudar a determinar se você corre risco por alguém estar seguindo-o. Uma das melhores maneiras de treinar seu cérebro em reconhecer as pessoas é praticar.

1. Comece observando as pessoas à sua volta quando está em público. Elas têm traços faciais diferentes? Como é o cabelo? Qual a altura e o físico delas?
2. O que elas vestem? Carregam algo? Como mencionei no livro *Spy Secrets That Can Change Your Life*, sempre observe os sapatos. Muitas vezes, alguém tirará o casaco, colocará óculos ou chapéu, talvez até uma peruca, mas em geral se esquecerá de trocar os sapatos. Portanto, faça questão de observar se a pessoa usa bota ou sapato, tênis ou mocassim.
3. Como elas andam? A passada é longa? Os passos são curtos? Movimentam os braços de certo modo ao andar?

4. Elas têm algum comportamento marcante? Fumar, por exemplo? Em caso afirmativo, tente notar o tipo de cigarro. Ou talvez a pessoa fume um cachimbo, passeie com o cão. Observe algo que possa ajudá-lo a se lembrar dela.

5. Quem a pessoa lembra? Associá-la a uma celebridade pode ajudar. Talvez alguém se pareça com Clint Eastwood ou lembre Jack Nicholson. E o que o levou a notar a semelhança?

Assim que adquirir o hábito de observar tais características, faça um desafio. Escolha uma pessoa que viu em público e descreva-a para si mesmo. Espere uma hora ou duas, depois anote a descrição. Quanto consegue lembrar? Continue praticando até que seja instintivo observar as características de uma pessoa. Pode ser necessário um dia todo.

CAPÍTULO NOVE

DANDO UM QUADRO COM ESCUTA A UM EMBAIXADOR DO ALTO ESCALÃO

Como Embutir Câmeras e Microfones Quando É *Você* Quem Precisa Espionar Alguém

MISSÃO: Encontrar meios de coletar informações do embaixador do Vietnã na França para ajudar os EUA a prosseguirem com as negociações de paz.

PARTICIPANTES: Agente Daniel Novack, agora referido pelo apelido MARCUS.

Access Agent Pierre Perdue, agora referido pelo apelido MONTE.

ALVO: Don Bach, agora referido pelo apelido/criptografia VADIM.

Conheci MONTE pouco depois de chegar à França e ele tinha todas as qualidades que um agente procura em um agente de acesso. Ele era inteligente, charmoso e muito instruído; ele e a esposa adoravam receber visitas em seu suntuoso apartamento. Melhor ainda, MONTE era muito bem relacionado e fazia parte de um círculo social muito influente. Todo mundo adorava ir a suas festas, porque nunca se sabe quem encontraria. Havia professores, artistas, atrizes, músicos, empresários ricos e, felizmente para mim, embaixadores e outras pessoas no alto escalão do governo. Quando se é agente, sempre procuramos alguém com acesso, e MONTE tinha a quase todos. Levou muito tempo para desenvolver a confiança dele, pois MONTE não precisava de dinheiro como as outras pessoas com quem trabalhei. Mas com o tempo, descobri que ele concordava com os EUA em certas questões. Era essa filosofia mútua que finalmente fez com que MONTE trabalhasse para mim como agente de acesso. Também penso que ele achou a ideia de espionar muito empolgante, como a maioria das pessoas. Eu realmente gostei de trabalhar com MONTE porque ele era inteligente e rápido. Tentamos algumas coisas malucas durante nosso trabalho juntos, e digamos que algumas funcionaram melhor do que outras.

DIPLOMATA AMANTE DAS ARTES

DATA, HORA E LOCAL DE CONTATO: 15 de setembro de 19XX, 21h, Casa de MONTE, LUGAR CONFIDENCIAL.

Minha missão era coletar informações com um diplomata que representava os interesses do Governo do Vietnã do Norte. Aconteciam importantes negociações de paz, e era meu trabalho obter informações que pudessem ajudar os EUA. Nem sempre eu sabia exatamente qual seria meu plano para cumprir a missão e esta foi uma dessas vezes. Depois de meses observando o diplomata e as pessoas que trabalhavam em sua casa, cheguei à conclusão de que não conseguiria ajuda de ninguém da equipe dele. Eles eram muito leais. Precisava encontrar outro modo e jamais imaginei que MONTE teria uma ótima ideia de como grampear uma embaixada em uma de suas famosas festas.

Certa noite, MONTE organizou um jantar, e, após a sobremesa, os convidados foram circular pela sala e na varanda para beber vinho e conversar. MONTE percebeu que não via VADIM há um tempo; ele não estava com nenhum grupo na sala ou no lado de fora. VADIM era um diplomata do Vietnã do Norte e MONTE prestava muita atenção nele. Obter informações de VADIM poderia ser a chave para cumprir a missão, mas ainda não tínhamos descoberto como. MONTE coletou algumas informações boas durante a conversa na festa, mas nada que pudesse realmente ajudar os EUA nas negociações de paz. Precisávamos de algo mais significativo.

MONTE viu que a porta de sua biblioteca estava aberta e havia uma luz acesa. Ele entrou e encontrou VADIM na frente de uma grande pintura pendurada atrás da mesa. VADIM estava tão fascinado pela obra de arte que nem sequer notou a entrada de MONTE. Após alguns momentos, MONTE disse algo para que VADIM não ficasse surpreso com sua presença. "É uma bela obra de arte, não é? Minha esposa me deu de aniversário e é uma de minhas peças mais queridas. Foi pintada por um artista do sul da França." MONTE sempre pensava rápido. A verdade é que não era um presente. A esposa era de uma antiga família francesa e o quadro estava na família dela por várias gerações. Para grande desgosto da esposa, MONTE nem gostava dele. Mas era evidente que VADIM *gostou*. Eles passaram a meia hora seguinte falando sobre as várias características da pintura: pinceladas e uso da luz pelo artista. E foi quando MONTE teve a ideia de que deveria presentear VADIM.

CUIDADO COM PRESENTES DE GREGO

Todos nós precisamos ter "cuidado com presentes de grego"; afinal, as coisas não terminaram bem quando os gregos aceitaram de "presente" um cavalo de madeira deixado do lado de fora dos portões da cidade. Eles empurraram o enorme cavalo para dentro e acabaram descobrindo que estava cheio de soldados troianos prontos para o combate. Embora o presente que MONTE tinha em mente não fosse tão excepcional, usar um "cavalo de Troia" como dispositivo de escuta sempre é muito arriscado. Os agentes secretos podem usá-lo na forma de um presente, mas não devem subestimá-lo. O presente pode parecer uma escultura, caneta ou vaso comum, mas dentro há dispositivos de escuta para que toda conversa possa ser gravada e ouvida. O problema é que, se o presenteado descobrir o grampo, saberá exatamente quem é o responsável e é óbvio que criará uma grande confusão. Em certos países, é o suficiente para alguém ser morto.

ESCUTA NO SELO REAL

Um dos cavalos de Troia mais famosos foi dado a W. Averell Harriman, embaixador dos EUA, em agosto de 1945. A Organização Pioneira Vladimir Lenin de Toda a União (uma organização para crianças parecida com os escoteiros nos EUA) deu ao embaixador uma réplica feita à mão do Grande Selo dos EUA como presente. Ele foi pendurado na residência do embaixador, em um lugar perfeito para captar conversas. O que ninguém sabia era que o selo abrigava um dos primeiros dispositivos de escuta secretos. Dentro, havia um rádio escuta de alta frequência, ou seja, o objeto não precisava de uma fonte de alimentação externa, pois era ativado por um sinal de rádio fora do prédio. Nos anos 1950, alguns operadores de rádio do Reino Unido relataram ouvir um adido britânico falando ao escutarem transmissões de rádio russas. Isso foi considerado muito suspeito. Mesmo com essa pista, nenhuma escuta foi encontrada dentro da embaixada. O dispositivo só foi descoberto após três embaixadores e muitas conversas ouvidas.

UM QUADRO COM PROPRIEDADES ÚNICAS

O presente que MONTE tinha em mente era um quadro. Como o embaixador adorava pintura, decidimos fazer uma réplica para ele. Mas o quadro teria algo extra — um dispositivo de escuta secreto. Trabalhamos com serviços técnicos, que incumbiram um dos artistas mais habilidosos de criar uma bela réplica da pintura de MONTE. Não havia nada extraordinário no quadro. A tela e a moldura pareciam normais, e, se você o pegasse, não era pesado. Porém dentro do forro da tela havia um microfone, transmissor e bateria suficiente para dois anos. Embora estivéssemos empolgados em dá-la ao embaixador, também estávamos apreensivos. Sempre que um cavalo de Troia é usado em uma operação, é preciso ponderar os riscos e as recompensas com cuidado. Se a escuta fosse descoberta, MONTE teria grandes problemas. Embora não fosse morto no país onde estávamos trabalhando, ele ficaria exposto e perderia seu acesso. A traição também era uma grande preocupação. Tínhamos decidido no início que, neste caso, valeria a pena. MONTE se esforçou muito para desenvolver uma relação com VADIM, e ele não tinha motivos para suspeitar que MONTE tentaria grampear sua casa. Ele planejou dar o presente assim que ficasse pronto.

PENSE COMO UM ESPIÃO:

PONDERE OS RISCOS E AS RECOMPENSAS

Não há motivos para correr riscos só por correr. Dar ao embaixador um quadro com escuta era muito perigoso e poderia haver consequências maiores. Porém, após considerarmos com cuidado os riscos e as recompensas, decidimos que muitas informações poderiam ser coletadas e era improvável que a escuta fosse encontrada. Compare os riscos e as recompensas antes de prosseguir com decisões que possam ter consequências indesejadas ou até graves.

PENDURANDO O QUADRO

DATA, HORA E LOCAL DE CONTATO: 12 de outubro de 19XX, 19h, Casa de VADIM, LUGAR CONFIDENCIAL.

MONTE foi para a bela moradia de VADIM para presenteá-lo com o quadro. MONTE lhe disse que realmente valorizava a amizade dele e estava profundamente tocado por seu amor pela arte. Claro, VADIM se alegrou com o presente e o aceitou com gentileza. O que ele não sabia era que eu estava sentado dentro do carro no lado de fora com um dos meus colegas. Ficamos entusiasmados ao descobrir que a escuta funcionava perfeitamente. Podíamos ouvir tudo que eles estavam dizendo como se estivéssemos na mesma sala. VADIM convidou pessoas de alto nível para o jantar aquela noite e obtivemos boas informações. Mal podia acreditar em como o quadro seria eficaz.

Na manhã seguinte voltei para a frente da casa do embaixador, ansioso para ouvir mais informações. A pintura ainda estava no saguão, sem ser pendurada. Escutei VADIM fazer algumas perguntas a um dos empregados e conversar com outro homem, que, pela natureza da conversa, parecia ser um amigo próximo ou membro da família hospedado em sua casa. Quem quer que fosse o cara, ele também adorou o quadro. Na verdade, ele achou que era tão maravilhoso que deveria ser pendurado em um "lugar de grande honra". VADIM concordou de imediato. Essas foram as últimas palavras que ouvimos da casa de VADIM. Eles decidiram que o lugar de honra era em uma parede no topo das escadas, um lugar onde ninguém na casa parecia conversar. Fiquei do lado de fora por algumas semanas só para ter certeza, mas ficou claro que não ouviríamos nenhum segredo daquela bela pintura afinal.

PENSE COMO UM ESPIÃO:
NÃO SE PODE CONTROLAR TUDO

A maior preocupação de MARCUS e MONTE obviamente era serem pegos. Eles não queriam que MONTE ficasse queimado, caso alguém descobrisse que eles tinham grampeado a casa do embaixador. Mas havia outro problema: o embaixador escolher colocar o quadro em algum lugar onde não serviria para nada (e foi exatamente o que aconteceu). Muito tempo e esforço foram dedicados a criar dispositivos como a pintura de VADIM, mesmo com todos os envolvidos sabendo que era bem possível que não funcionasse no final. Os espiões não podem controlar cada elemento do ambiente. Se você decide não se esforçar em algo só porque pode não funcionar, acabará perdendo boas oportunidades. Muitas vezes vale a pena tentar.

FERRAMENTA FAVORITA DO ESPIÃO: ADAPTADOR T COM DISPOSITIVO DE ÁUDIO

Uma das minhas ferramentas favoritas era um dispositivo simples e comum, usado em qualquer casa quando se quer conectar várias coisas na mesma tomada. Todos o usam e ninguém tem motivos para suspeitar que serviria a outra finalidade. Exceto por meu adaptador T com um dispositivo de gravação de áudio com alta potência. Como tudo na vida, você pode ter muito sucesso ou acabar sendo um grande fracasso. Certa vez consegui infiltrar um cara em uma equipe de filmagem que faria uma entrevista com alguém muito importante em seu país no exterior. Quando ele estava "preparando o equipamento de áudio", inseriu casualmente o adaptador T na tomada e o esqueceu de propósito. Eu estava empolgado com o que ouviríamos. Conseguimos ótimas informações durante os primeiros meses e parecia ser um grande sucesso. Então, de repente, não ouvimos mais nada; só estática de vez em quando. A empregada desconectou o aspirador de pó com o adaptador preso no fio. A potência para captar informações era tão boa que continuamos ouvindo por um tempo, mas apenas o som do aspirador. Foi bom enquanto durou.

CONTRABANDEANDO UM RÁDIO DE ONDAS CURTAS BEM DEBAIXO DO NARIZ

PARTICIPANTES: Agente Daniel Novack, agora referido pelo apelido MARCUS.

Agente Kwasi Okar, agora referido pelo apelido LINDEN.

Aprendi muito rápido como agente que é preciso ser bem criativo em relação às escutas secretas. Você sempre tinha que se perguntar: "O que pode funcionar? Em que podemos esconder algo?" Após meses de desenvolvimento, recrutei um diplomata da África que morava na Coreia do Norte. Estávamos investindo nele como assessor de imprensa, um trabalho inventado que não levantaria suspeitas. Mas a comunicação com ele seria difícil. O correio não podia ser usado, pois sabíamos que tudo seria lido e checado. Eu precisava arranjar um rádio de ondas curtas, mas entregá-lo para ele seria quase impossível. A segurança era muitíssimo severa e qualquer coisa que o cara carregasse seria inspecionada com cuidado.

A FALTA DE MADEIRA DEU UMA IDEIA

Comecei a notar que quando vários oficiais ingressavam na região, era comum que seus pertences fossem embalados em caixas de madeira. Também era normal manter as caixas por lá depois de serem esvaziadas, porque o material era muito escasso. Imaginei se os caras do serviço técnico poderiam encontrar um modo de fazer uma caixa que pudesse esconder um sistema inteiro de comunicação, tudo que uma pessoa precisaria para operar um rádio de ondas curtas. Mais uma vez, eles conseguiram. Criaram ripas modificadas que podiam ser abertas e alojar diferentes componentes de um rádio de ondas curtas. Quando a madeira foi reagrupada e remontada, ficou idêntica a uma caixa normal. Nem o peso era diferente. O teste real aconteceu quando chegou o momento de LINDEN desencaixotar suas coisas. Os seguranças chegaram na casa dele e examinaram com cuidado cada item. A mobília foi verificada à procura de objetos escondidos. Qualquer coisa que pudesse ocultar algo foi aberta. LINDEN contou que foi angustiante e levou muito tempo. Por fim, os seguranças ficaram satisfeitos ao ver que nada tinha sido contrabandeado. Quando as caixas foram esvaziadas, LINDEN explicou que ele queria manter a madeira e levou tudo para o quintal. Assim que se instalou, preparou o equipamento com cuidado. Funcionou perfeitamente e conseguimos excelentes informações de LINDEN por vários anos. Foi outro exemplo de como a criatividade desempenha um papel importante no trabalho da CIA. Nunca se pode parar de pensar em novos modos de resolver problemas.

Nunca se pode parar de pensar em novos modos de resolver problemas.

SEU ESPIÃO INTERIOR

Como Ficar Seguro Quando Se Está Sozinho

Acho improvável você passar por uma situação em que precise falsificar uma pintura para grampear uma embaixada. Porém há muitos casos em que câmeras e microfones embutidos podem mantê-lo seguro. Por exemplo, na Spy Escape & Evasion, ensinamos muitos corretores de imóveis a usarem equipamentos de áudio e vídeo para terem segurança no trabalho e, assim, evitarem situações terríveis como a que passou a corretora Beverly Carter nos EUA.

Quando repórteres perguntaram a Arron Lewis, de 33 anos, por que matou a corretora Beverly Carter, de 49 anos, a resposta foi de arrepiar:

"Era uma corretora rica. Apenas uma mulher trabalhando sozinha — uma corretora rica."

O corpo de Carter foi encontrado em uma cova rasa a aproximadamente 32km da região nordeste de Little Rock, Arkansas. Carter tinha ligado para seu marido para informar que mostraria uma propriedade às 17h30 e contou onde ficava a casa. Três horas se passaram, e, quando não teve notícias da esposa, Carl Carter sentiu que algo estava errado e decidiu ir até o local. Quando chegou, a porta da casa estava aberta, o carro dela estava na entrada, com sua bolsa e carteira ainda no interior do veículo. Ele entrou no local, mas não encontrou sinais de sua esposa. Mais tarde, ele recebeu mensagens de texto dizendo: "Minha bateria acabou" e "Estou bebendo com amigos". Mas Beverly Carter não bebia. O marido dela temeu pelo pior e infelizmente estava certo. Tragicamente, ela foi encontrada morta perto da fábrica de concreto onde o assassino trabalhava. A morte de Carter causou uma enorme preocupação entre os corretores imobiliários, que geralmente trabalham sozinhos e com completos estranhos.

Quando Seus Entes Queridos Estão Sozinhos

Na cidade de Nova York, uma babá foi acusada de maltratar uma criança de seis meses sob seus cuidados. A família tinha câmeras instaladas e testemunhou a babá "aparecendo para tirar a criança do berço, depois jogando-a no chão". Na Califórnia, uma mãe viu uma gravação chocante e descobriu o que parecia ser a babá sufocando seu filho de um ano para ele parar de chorar. Felizmente nenhuma criança ficou gravemente ferida. As crianças não são as únicas que correm risco. No Queens, Nova York, imagens das câmeras mostraram um cuidador maltratando um idoso com AVC. O enfermeiro foi visto batendo nele e tentando lhe dar comida à força.

É óbvio que esses são os piores casos, e espero que você nunca passe por essas situações. Se estiver preocupado com sua segurança por trabalhar sozinho, há muitas medidas que pode tomar para se proteger. Se quiser ter certeza de que seu ente querido está sendo bem cuidado ou que sua propriedade está segura, existem muitas tecnologias que você pode usar facilmente para monitorar o que acontece em sua casa.

TÁTICA Nº 1: USANDO UMA CÂMERA

Câmeras e equipamentos de áudio podem ser usados para monitorar o comportamento das pessoas que cuidam de crianças ou idosos, e você pode certificar se os funcionários que trabalham dentro de casa ou prestam serviços (faxineira, empreiteiro, jardineiro, paisagista, tratadores de animais, técnicos etc.) são tão honestos quanto se espera. As câmeras dão paz de espírito. Qualquer pai sabe como é difícil ter uma nova babá, mesmo quando ela é altamente recomendada e tem excelentes referências. Estar na posição de cuidar de um parente idoso ou doente também é difícil. Naturalmente, você quer garantir que ele receba os melhores cuidados possível. E, claro, queremos ter certeza que nossos objetos de valor estão protegidos de quem tem acesso às nossas casas. Hoje, há mais opções quando se trata de usar câmeras. Para garantir o uso correto, faça o seguinte.

Conheça a Lei

Em alguns estados norte-americanos, não se pode gravar o áudio de uma pessoa sem seu conhecimento e consentimento. É por isso que algumas câmeras de segurança capturam apenas imagens. Pesquise sobre o que é permitido em sua localidade antes de instalá-las. Sugeri aos corretores de imóveis com quem trabalhei, preocupados com sua própria segurança e com os bens nas casas mostradas, que simplesmente pedissem que os clientes assinassem um documento que informava: "Para proteger os proprietários, há câmeras pela casa." Também seria bom pendurar um aviso na entrada informando que há câmeras por toda a casa.

Encontre a Câmera Certa para Você

Câmeras podem ser colocadas em quase tudo atualmente. Vi câmeras usadas em caixas de lenços de papel, relógios, ursinhos e molduras de quadros. Há também muitos serviços diferentes que permitem usar seu smartphone para monitorar o que acontece em casa quando você está fora. De fato, um dos meus colegas estava em um avião, em pleno ar, quando uma mulher ao lado dele viu no smartphone dela que estava recebendo um pacote em casa. Pesquise as opções disponíveis e decida qual é a mais adequada.

Saiba o que É Permitido por Lei

Sempre que instalar um equipamento de vídeo ou áudio, mesmo em sua própria casa, descubra o que é permitido por lei. Veja se pode filmar alguém sem o consentimento da pessoa — e atenção com as áreas restritas, como banheiros e quartos.

Verifique o Filme Regularmente

Nenhuma filmagem feita será útil se você não lhe assiste com regularidade. É surpreendente quantas pessoas instalam câmeras e nunca assistem ao que gravaram. Escolha um horário conveniente para examinar a filmagem e adquira o hábito de fazer isso sempre.

Confie em Sua Intuição

Não estou sugerindo que você suspeite de todos que entram em sua casa. Mas confie em sua intuição. Se está examinando a filmagem e não vê nada errado, mas ainda *sente* que tem algo estranho, tome medidas. Converse com a pessoa sobre o que está acontecendo ou passe a chegar em casa em horários diferentes para ver o que realmente acontece. Se não se sente confortável com alguém que tem acesso à sua casa, definitivamente não deve tê-lo por perto, mesmo que não tenha uma evidência concreta de alguma irregularidade.

TÁTICA Nº 2: GARANTINDO SUA SEGURANÇA PESSOAL AO TRABALHAR SOZINHO

Como mencionei, tive a oportunidade de trabalhar com muitos empresários, sobretudo corretores de imóveis, que se preocupam com sua segurança, e por bons motivos. Basicamente, é trabalho do corretor entrar em uma propriedade particular com estranhos, e às vezes ele até deve levá-los em seu próprio carro. Como vimos com a história de Beverly Carter, ser corretor pode ser bem perigoso. Naturalmente, esta não é a única profissão que coloca um indivíduo em perigo. Kala Brown, da Carolina do Sul, respondeu a um anúncio de faxina com seu namorado e passou por uma situação terrível. A pessoa que fez o anúncio era, na verdade, um agressor sexual condenado. Ele supostamente atirou e matou o namorado de Kala bem na frente dela e a manteve acorrentada pelo pescoço em um contêiner de metal por dois meses até que fosse resgatada. Há muitos trabalhos que necessitam que a pessoa entre na casa de alguém desconhecido para realizar, como cuidadores, enfermeiras, agentes de seguro, profissionais que cuidam de crianças (isso inclui jovens que trabalham como babás para ganhar um dinheiro extra), tutores, terapeutas ocupacionais, empreiteiros, eletricistas, encanadores, faxineiros etc. É importante sempre tomar as seguintes medidas de segurança:

- Sempre que possível, ao começar em uma nova função, primeiro encontre em um local público a pessoa para quem trabalhará.
- Peça para ver a identidade.
- Sempre avise outra pessoa sobre onde você irá e quando espera voltar.
- Mantenha o telefone carregado e dentro da área de cobertura. Caso se sinta desconfortável, saia do lugar e ligue para pedir ajuda. Você também pode dizer algo como: "Meu sócio acabou de me contatar e está a caminho para ver como estou." Dará a impressão de que você não ficará sozinho na casa por muito tempo.
- Proteja suas informações pessoais. Não é preciso dar seu endereço ou número de telefone fixo.
- Não entre no carro de uma pessoa que não conhece. Nem concorde em levar outra pessoa para algum lugar em seu próprio carro.
- Atenção onde você estaciona o carro. Não pare em um local onde ele poderia ficar bloqueado mais tarde por outro veículo. Você deseja sair rápido se for preciso.
- Sempre carregue uma ferramenta de autodefesa para se proteger. A principal ferramenta que carrego, assim como os membros da minha família e clientes, é a caneta tática.

ENCONTROS DE ESPIÕES: MAX
DISPENSANDO UM AGENTE

Falamos sobre como é identificar uma fonte, desenvolver uma ligação com a pessoa e, por fim, recrutá-la como agente. É empolgante e algo que a maioria dos agentes admitirá que gosta de fazer. Mas falamos pouco sobre como é "dispensar" um agente. É muito difícil e pode ser doloroso para ambas as partes. Também é verdade que qualquer agente bom no que faz se importa sinceramente com seus agentes recrutados, e é isso que dificulta as coisas. Uma afinidade foi desenvolvida e um belo dia você tem que dizer: "Desculpe, não precisamos mais de você." O dinheiro que a pessoa costumava receber é interrompido e a empolgação com a coleta de informação acaba; não é mais preciso usar sinais nem pontos de entrega. Pior ainda, a relação termina.

As relações com os agentes precisam terminar por muitos motivos, e nunca é fácil. Tive que terminar uma relação com um viajante legalizado que me trazia sempre boas informações, pois suas expectativas estavam insustentáveis. Às vezes, é só porque você vai para um novo país e precisa simplesmente designar seu recruta para um novo agente. Isso nem sempre é bom para a pessoa, pois ela sente como se estivesse sendo posta de lado. Mas o pior é quando acontece uma tragédia com um agente. Por sorte, não é algo que vivenciei com frequência. Mas nunca me esquecerei de quando conversei por rádio com um agente que estava em apuros. Ele achava que alguém estava seguindo-o. Antes que eu pudesse formular um plano para ajudá-lo, ouvi a porta sendo arrombada e som de tiros. Foi um dos momentos mais difíceis de toda minha carreira.

CAPÍTULO DEZ

O ESPIÃO QUE VENDEU COMPUTADORES CHINESES SECRETAMENTE INFECTADOS COM MALWARE

Como os Agentes da CIA Evitam Ser Hackeados, Espionados ou Enganados

MISSÃO: Criar um método para monitorar comunicações na China com o objetivo de coletar informações relacionadas a possíveis desenvolvimentos que impactariam as relações dos EUA com esse país.

PARTICIPANTES: Agente Marshall Mueller, agora referido pelo apelido WYATT.

Henry Wang, agora referido pelo apelido JASPER.

ALVO: Da Lee, agora referido pelo apelido/criptografia SILAS.

PERSONALIDADE:

NOME/CRIPTOGRAFIA: SILAS

IDADE: 29

ALTURA/PESO: 1,73m, 73kg

CABELO: Preto, curto, fino, liso

ÓCULOS: Sim

PERSONALIDADE/COMPORTAMENTO/ATRIBUTOS: Inteligente, astuto, esforçado, sensação de que está sobrecarregado pelas obrigações no trabalho. Sai com amigos depois do expediente.

NACIONALIDADE/PAÍS: Chinês

IDIOMAS FALADOS: Chinês, inglês

ATIVIDADES: Convive com os amigos, vai a jogos de rúgbi regularmente, joga badminton. Conversa com os amigos sobre o desejo de visitar os EUA. Gostaria de se casar em breve.

FAMÍLIA: Nenhuma

ENDEREÇO: XXXXX, XXXXXXX, XXXXX, Hong Kong

NÚMERO DE TELEFONE: XXX-XXX–XXXX

PEQUENA AGÊNCIA, GRANDE ACESSO

Um contato que eu tinha na universidade local me falou sobre SILAS. Ele ia bem nas aulas de ciência da computação, era inteligente, mas, diferentemente de alguns colegas, suas habilidades não o ajudariam a conseguir um bom trabalho em uma empresa de tecnologia ou, melhor, um trabalho que o levaria ao Vale do Silício nos EUA. No entanto, ele conseguiu trabalhar em uma pequena agência do governo, uma que se comunicava sempre com muitas outras partes governamentais significativas. Naquela época, devido ao conselho regulador de exportações, era difícil para os chineses terem acesso à tecnologia que eles precisavam. A boa notícia: isso era uma grande vantagem para o governo norte-americano.

JASPER, nosso contato na universidade, era agente para os EUA e mantinha uma ligação com SILAS. No início não tínhamos certeza de que SILAS seria útil, mas quando ele começou a trabalhar para a agência do governo pedi a JASPER para vigiá-lo. Então os dois se encontravam regularmente para tomar chá ou jantar. SILAS parecia gostar do conselho e da atenção de seu ex-professor. Havia muitas áreas de seu novo trabalho que ele achava desafiadoras e sempre ficava contente em ter a opinião de JASPER. SILAS estava animado por ter um trabalho fixo, mas não era fascinante nem glamouroso como os trabalhos de alguns colegas. Ele queria se destacar o mais rápido possível, desejando ir para um cargo mais bem pago e respeitável.

Computadores com Bônus (para os EUA, pelo menos)

Certa noite durante o chá, SILAS disse como seria mais fácil seu trabalho se ele pudesse ter acesso a mais computadores. Sua equipe poderia trabalhar muito mais rápido, com mais eficiência, e isso seria bom para ele. Mas como ele trabalhava para um escritório relativamente pequeno, ter mais computadores não era considerado uma prioridade.

Isso deu a JASPER uma ideia, e ele sinalizou para que conversássemos no dia seguinte. Nós nos encontramos na hora do almoço e ele me contou a respeito do desejo de SILAS. Este poderia ser o ponto de acesso que estávamos procurando? Contatei o pessoal nos EUA e começamos a analisar como poderíamos usar essa oportunidade para obter informações para o Governo dos EUA. Ficou decidido que conseguiríamos que SILAS tivesse acesso a seus computadores, mas eles seriam entregues com algo a mais do que ele esperava.

PENSE COMO UM ESPIÃO: ÀS VEZES, O MELHOR CAMINHO É A SIMPLICIDADE

SILAS não era um funcionário do alto escalão. Ele trabalhava para uma pequena agência do governo e não tinha uma função muito importante. Mas JASPER e WYATT viram uma grande oportunidade. Eles reconheceram que SILAS representava um modo de ter acesso ao governo chinês, sem muita possibilidade de levantar suspeitas. Eles não o descartaram para tentar encontrar alguém melhor. Examinaram a oportunidade, viram que poderia levar a coisas importantes e fizeram dar certo. Não descarte uma oportunidade porque ela parece simples ou pequena demais.

Não descarte uma oportunidade porque ela parece simples ou pequena demais.

A EMPRESA DE TECNOLOGIA QUE NUNCA EXISTIU

Algumas semanas depois, tive meu primeiro encontro com SILAS. Ele estava muito empolgado em me conhecer, pois seu professor havida dito que eu poderia ser útil. Era uma daquelas situações em que eu ficava muito satisfeito por já ter sido mencionado. Em certos países, conhecer uma pessoa por meio de alguém respeitado pode levá-lo longe. Como eu era ligado a JASPER, SILAS ficou muito confortável e estava aberto quando nos encontramos. Eu tinha criado uma empresa falsa chamada XXXXXX e mandei fazer cartões de visita, folhetos, tudo necessário para parecer legítima. Nada indicava que, na verdade, eu não trabalhava em uma empresa de tecnologia, pois tínhamos cuidado de todos os detalhes, e, mesmo que houvesse algo, SILAS estava tão ansioso para ter acesso a mais computadores que era bem possível que fizesse vista grossa.

Fiz todo um discurso sobre como eu poderia conseguir computadores por causa de um acordo especial que minha empresa tinha feito com seu país. Falamos sobre o que ele precisava e queria, e eu lhe disse que poderia conseguir. O que não foi dito era que pauzinhos estavam sendo mexidos e planos sendo feitos para que pudéssemos colocar os computadores no escritório dele sem levantar muitas suspeitas. Enquanto as coisas aconteciam, meus colegas nos EUA estavam ocupados acrescentando um bônus nas máquinas.

PENSE COMO UM ESPIÃO: O PODER DO SHOKAI

Sabemos que contatos são importantes, e não é diferente no jogo da espionagem. Às vezes o melhor modo de fazer alguém confiar em você é pedindo à outra pessoa que faça uma apresentação pessoal. É assim em países como o Japão, onde o shokai, ou a apresentação pessoal, leva longe. WYATT conseguiu uma ligação rápida com SILAS porque permitiu que JASPER o mencionasse antes. Muitas vezes, pedir que outra pessoa faça uma apresentação pessoal o leva mais longe em menos tempo.

QUANDO NÃO É POSSÍVEL "CAÇAR COM CÃO NEM COM GATO"

Se o objetivo dos EUA é monitorar o que acontece na infraestrutura cibernética de outro país, temos que ser muito precisos. Não temos como resolver um problema no último minuto nem podemos improvisar. As coisas precisam ser feitas rápido, mas também do modo certo. Nosso plano era criar "backdoors" [acesso clandestino] nos computadores que daríamos a SILAS. Eles teriam cavalos de Troia e malware no sistema, de modo que, até se alguém limpasse o disco rígido inteiro, eles ainda estariam lá. O sistema foi projetado para ficar inativo por 30 dias, talvez mais, e depois ser ativado. Isso permitiria que nosso pessoal visse tudo o que acontecia e monitorasse quem fazia o quê. Também preparamos as coisas para que os caras achassem que estavam conseguindo informações valiosas de nós que não deveriam vazar. Claro, foi feito de propósito para que pudéssemos ver como eles responderiam ou reagiriam a essa informação incorreta (mas muito desejada e secreta). A operação não poderia ter sido mais tranquila. Os EUA conseguiram muita informação boa e, melhor, SILAS nunca percebeu.

ENCONTROS DE ESPIÕES: SAM
COMO INVADIR UM COMPUTADOR PODE PROTEGER UMA MISSÃO PERIGOSA OU DESTRUÍ-LA

Quando uma pessoa é piloto e protege os EUA, ela entende que arrisca a vida voando em certos espaços aéreos hostis. Faz parte do trabalho. Por sorte, nosso governo descobriu algumas medidas para nos deixar entrar e sair rápido de tal espaço aéreo, esperando não sermos abatidos. Como parte dos preparativos para esse tipo de missão, nosso pessoal usa o "meaconing" [método de retransmissão de sinal]. Eles invadem com cuidado o sistema de computador do país hostil, e, como resultado, o controle aéreo desse país recebe uma mensagem que parece legítima, informando que devem esperar uma "manutenção de rotina" no sistema, o que acarreta uma pequena inatividade de comunicação. Nesse período de tempo incrivelmente curto em que a "manutenção" ocorre, voamos pelo espaço aéreo hostil, coletamos o máximo possível de informação e saímos antes de sermos detectados ou que alguém possa descobrir que os EUA estavam usando o "meaconing" para entrar onde não deveriam. Nesses casos, esse método é uma grande ajuda, mas também é algo que somos treinados para ter cuidado, pois pode ser usado contra nós. É possível que um dos nossos inimigos tente nos enganar. Eles podem interceptar nossos sinais ou retransmiti-los de modo que desviemos da rota de voo original. Nesta situação, poderíamos ser atraídos direto para o território inimigo, onde estariam nos esperando para derrubar nosso avião.

SEU ESPIÃO INTERIOR

Parece que não há uma semana sem notícias de uma grande invasão; e geralmente ocorre em lugares onde as pessoas comuns usam cartão de crédito. Em 2014, a rede Home Depot anunciou que 56 milhões de cartões de crédito foram comprometidos. Depois que as lojas Target foram hackeadas, cerca de 1 a 3 milhões dos 40 milhões de cartões roubados foram vendidos no mercado negro. Não foram só os varejistas; Equifax, Gmail e Yahoo também informaram sérios ataques. Quando grande parte do nosso trabalho, despesas domésticas, pagamento de contas, transações bancárias, investimentos e comunicação é feita online, como podemos assegurar que nossas informações estão seguras?

POR QUE EU NÃO LEVO MEU COMPUTADOR PARA O QUARTO, E VOCÊ DEVERIA FAZER O MESMO

Se você me visse sentado ao computador agora, notaria que tenho um pequeno pedaço de fita adesiva cobrindo a câmera. Ocultar sua câmera leva apenas alguns segundos e pode assegurar que você não passe pela terrível experiência de Cassidy Wolf. Cassidy, que foi coroada Miss Teen dos EUA, teve uma difícil situação envolvendo a webcam de seu computador. Um dia ela recebeu um e-mail com três anexos. A mensagem informava que um hacker tinha nudes dela e ameaçava torná-los públicos. Wolf compartilhou sua história com Anderson Cooper dizendo: "Minha mãe e eu ficamos aos prantos e em choque. Mal podíamos acreditar que isso estava realmente acontecendo. O quarto de uma pessoa é o espaço mais privado e íntimo. Pensar que alguém estava me vendo no quarto por um ano e tinha todos os meus momentos mais íntimos, as conversas com minha mãe e meu irmão, e sabia tudo sobre minha vida; uma pessoa pode ter acesso a tudo isso por meio de seu computador." Acontece que Wolf estava sendo observada por um ex-colega que era formado em ciências da computação, e ela não é a única. Meio milhão de pessoas foram vítimas de "creepware". É bem provável que esse número continue a aumentar. Na proporção de crescimento da tecnologia, haverá mais programas e modos de criminosos hackearem webcams de pessoas e outros dispositivos de computador. Então não se arrisque: cubra a câmera do computador com fita adesiva e peça que seus familiares façam o mesmo. E por último, não leve seu computador ou dispositivo para qualquer lugar em que não desejaria ser visto.

SEU COMPUTADOR É A PORTA DE ENTRADA PARA SUA VIDA

Antigamente, as coisas eram diferentes. As pessoas se comunicavam por telefone fixo e enviavam cartas pelos correios. Mas agora, como para a maioria das pessoas, seu computador é algo que você usa quase todo dia (e possivelmente o dia inteiro). Mesmo que não use computador no trabalho, você tem seu notebook pessoal, smartphone ou tablet. Dado que os computadores têm um papel essencial em nossas vidas diárias e nossa dependência da tecnologia aumenta, é importante saber como usar esses dispositivos com segurança. Às vezes, só é preciso dar a uma pessoa uma informação errada, e é como lhe dar as chaves de seus pertences. Seus cartões de crédito podem ser usados; cheques, emitidos; e suas informações mais pessoais, divulgadas. De modo algum estou sugerindo que você pare de comprar ou pagar suas contas online; a tecnologia pode ser maravilhosa e facilitar muito a vida. Apenas verifique se está protegendo toda as suas informações essenciais.

TUDO COMEÇA COM AS SENHAS

Eu sei que temos milhões de coisas para lembrar todo dia, e ter senhas diferentes para diversas contas ou mudar as que já memorizou parece assustador. É fácil achar que é algo que se pode adiar. Mas pergunte a alguém que foi hackeado como é difícil, demorado e caro lidar com uma invasão, e provavelmente a pessoa dirá que gostaria de ter tido mais cuidado. Tomar algumas medidas básicas para proteger suas informações hoje pode manter suas informações pessoais longe dos hackers.

RESERVE UM TEMPO PARA MUDAR AS SENHAS REGULARMENTE: já ouvimos esse conselho inúmeras vezes, apesar de muitas pessoas não o seguirem. Se adquirir o hábito de mudar suas senhas regulamente, isso se tornará uma rotina. Até se acostumar, marque no calendário ou coloque um alarme no celular para lembrá-lo. É simples e pode evitar grandes dores de cabeça. Por exemplo, para simplificar, mude a senha no início de cada mês.

FIQUE ATENTO À ENTROPIA DE SENHA: entropia de senha é uma medida da previsibilidade e da dificuldade para um criminoso decifrá-la. Ela está relacionada aos caracteres usados e ao tamanho. Uma senha é mais difícil de descobrir quando são usados símbolos, números e letras maiúsculas e minúsculas. Quanto mais complexa a entropia, menos espaço para o hacker invadir. Mas a senha é inútil se você não consegue se lembrar dela. Embora seja ótimo se proteger ao criar uma senha complicada, ela não servirá se não puder ser lembrada. Você precisa ter um equilíbrio entre complicada e memorável.

TODA SENHA DEVE SEGUIR OS SEGUINTES CRITÉRIOS BÁSICOS: uma senha deve ter um mínimo de 12 a 14 caracteres. Você sempre deve usar uma combinação de números, símbolos e letras maiúsculas e minúsculas. Não use substituições óbvias para as letras. Por exemplo, não se engana ninguém ao substituir "O" por zero.

NÃO USE A MESMA SENHA: outra informação que você já conhece é que não deve usar a mesma senha para contas diferentes; de novo, é um conselho que muitas pessoas não seguem, com resultados devastadores. O resultado é que, se um hacker pega uma senha, ele poderá entrar em todas as suas contas, inclusive a conta bancária. Lembre-se de que algumas empresas e instituições têm sistemas de segurança melhores que outras, e, por sorte, isso inclui seu banco. Embora possa não ser fácil para um hacker acessar suas poupanças, pode ser moleza invadir o site que você acabou de usar com a mesma senha para enviar à sua tia um e-card de aniversário. Agora o criminoso tem acesso a todas as suas contas que usam a mesma senha, inclusive seu banco.

NÃO PENSE DEMAIS: tenho certeza de que você sabe evitar senhas comuns (e muito arriscadas), como o nome dos filhos, do cônjuge, do bichinho de estimação etc. Se você tenta ter novas ideias para as senhas, experimente o seguinte: basta decidir sobre uma palavra aleatória, qualquer coisa que venha à cabeça. Qualquer uma. Misture as letras e substitua-as por números e sinais de pontuação. Por exemplo, de onde estou escrevendo vejo uma garrafa de água e uma lanterna. As duas podem ser uma base para as senhas.

Não pense demais, basta usar algo comum que possa transformar facilmente em uma senha mais complicada.

ANOTE E COLOQUE EM UM LOCAL IMPROVÁVEL: se você muda as senhas regularmente e está preocupado em lembrá-las, considere anotar em um Post-it e guardar em um local que só você conseguirá encontrar, como dentro de um livro favorito ou em um cofre à prova de fogo bem escondido em casa. Admita, é improvável que um criminoso vasculhe sua casa à procura de um pedaço de papel com a senha escrita. Dito isso, tenho certeza de que você não abusaria da sorte mantendo-a perto do computador, na carteira ou em um local óbvio na mesa ou no escritório.

USE A AUTORIZAÇÃO MULTIFATOR: embora isso adicione uma etapa extra no processo de login, é mais seguro e pode evitar muitos problemas. Depois de conectar com a senha, você receberá uma mensagem com um código (em geral é uma mensagem de texto, mas isso não é uma regra). Você deve inserir o código temporário recebido para prosseguir. Muitos sites populares oferecem isso, inclusive Google, Twitter e Facebook.

AS PERGUNTAS DE SEGURANÇA SÃO UMA PIADA: "Qual é o nome de solteira de sua mãe?" ou "Onde estudou no ensino fundamental?". Isso não é exatamente uma tática de segurança de alto nível, e se alguém bem esperto (e determinado) invadir sua conta poderá encontrar as respostas para essas perguntas. Com certeza, essas questões são mais um obstáculo, mas não se pode contar com elas para proteger suas informações. Também é possível responder às perguntas de segurança com uma senha adicional, em vez do verdadeiro nome de solteira de sua mãe ou o nome da escola. Isso significa ainda mais senhas para lembrar, mas também outros níveis de segurança.

SEMPRE MUDE SUAS SENHAS SE HOUVER SUSPEITAS DE QUE UMA CONTA FOI COMPROMETIDA.

NÃO ENVIE NADA POR E-MAIL QUE NÃO POSSA ESTAR NA PRIMEIRA PÁGINA DO JORNAL DE AMANHÃ: concordo com as pessoas que dizem: "Se você não quer ver publicado na primeira página do jornal, não envie por e-mail." O e-mail não foi criado para ser seguro; não foi planejado para ter privacidade nem segurança. Informações muito confidenciais, como o número do CPF, informações bancárias, imposto de renda e correspondência comercial confidencial, não devem ser enviadas por e-mail, a menos que sejam criptografadas.

O e-mail não foi criado para ser seguro.

USANDO A INTERNET EM PÚBLICO: O QUE VOCÊ PRECISA SABER

A vida não é tão simples como antes. Não vamos ao escritório de manhã, passamos oito horas trabalhando e voltamos para casa com o trabalho do dia feito. Sejamos honestos, muitos de nós se esforçam no trabalho e aproveitam os momentos extras, quando possível, para trabalhar mais, ou seja, em cafeteiras, salas de espera, aeroportos e até aviões. Ficamos online sempre que possível. Pode ser bom para terminar um trabalho, mas há riscos envolvidos. Os hackers adoram quando as pessoas usam o Wi-Fi público porque é uma conexão aberta, geralmente descriptografada e desprotegida. Isso significa que você acaba sendo vítima de um "ataque MIM" (man-in--the-middle). Esse ataque ocorre quando um criminoso vê uma falha de segurança e a utiliza para interceptar dados de uma rede. Neste caso, um hacker pode ver qualquer informação usada nos sites que você acessa. Ele pode ver logins das contas, senhas e compras.

AS SENHAS DO WI-FI PÚBLICO NÃO RESOLVEM O PROBLEMA

Você está trabalhando em uma cafeteria local e quer ficar online. Vê uma placa informando para pedir a senha à funcionária. Você vai até o balcão e depois de ela terminar de fazer o café de alguém, entrega a você um cartão com a senha. Isso não é mais seguro do que o Wi-Fi público que não requer senha. Se todos têm acesso à senha, ela é pública, e ainda existem as mesmas preocupações com a segurança. Tudo que um hacker precisa fazer é pedir à funcionária a mesma senha que ela deu a você.

PONTO DE ACESSO PERIGOSO

Se você abre o computador e há um ponto de acesso gratuito, não use. É possível que esteja vendo um "ponto de acesso perigoso". É uma conexão gratuita que pode ter um nome muito parecido com um ponto de acesso legítimo. Um criminoso o preparou para fazer as pessoas usarem a rede dele. Assim que um ponto de acesso perigoso é conectado, um hacker pode roubar seus dados e infectá-lo com um malware. Malware é a abreviação de "software malicioso". Como o nome sugere, malware é um programa ou um arquivo que serve para prejudicar seu computador. O malware pode introduzir vírus, worm, cavalo de Troia ou spyware. Ele pode fazer qualquer coisa, desde roubar, excluir, criptografar dados e até mesmo se apoderar das funções do seu computador.

COMO NÃO SER HACKEADO AO USAR O WI-FI PÚBLICO

Para ficar totalmente seguro, você deve evitar todas as conexões Wi-Fi públicas, mas isso foge da realidade. A boa notícia é que há algumas coisas fáceis que pode fazer para reduzir suas chances de ser hackeado ao usar a internet em público.

Use uma VPN: Comece Hoje

Assine uma VPN ou um serviço de rede privada virtual. O que ela faz é adicionar uma proteção entre você e a internet, roteando tudo em um formato criptografado via servidor real, que é controlado por seu provedor de serviço VPN. Se um hacker estiver observando o que você faz, ele não verá nada. Tudo que terá é um monte de coisas sem sentido porque sua atividade online é criptografada. Há vários serviços para escolher e eles não são caros. Usar uma VPN é obrigatório para alguém que usa Wi-Fi público para trabalhar; eu nunca uso o Wi-Fi público sem minha VPN.

Atualize Seu Software Regularmente

Todos nós ligamos nossos computadores e recebemos mensagens informando que é hora de atualizar o software. Se você é como a maioria das pessoas, clica em "ignorar" e acha que pode fazer isso outro dia. Se usa o Wi-Fi público, manter o software atualizado é outro mecanismo de defesa contra hackers. Às vezes, as atualizações são para corrigir erros que comprometem a criptografia. Se seu software não está atualizado, você está deixando a porta só um pouquinho aberta para um criminoso entrar.

Não Seja Enganado

No livro *Spy Secrets That Can Save Your Life*, mencionei como os criminosos usam táticas de engenharia social para enganar pessoas inocentes. A internet é obviamente um lugar fácil para eles visarem as pessoas. As histórias e os golpes só crescem. Até John Brennan, diretor da CIA, foi vítima de um golpe dado por um adolescente. O hacker Justin Liverman, também conhecido como D3F4ULT, contou à revista *Wired* que ele e duas outras pessoas fizeram uma pesquisa reversa do número de celular de John Brennan para saber qual serviço ele usava. Quando descobriam que era um cliente Verizon, Liverman ligou para a empresa se passando por um técnico que não conseguia acessar o banco de dados de um cliente sozinho porque suas "ferramentas estavam inativas". A Verizon pediu um "código V", que é um número de quatro dígitos atribuído a cada funcionário. Liverman criou um na hora e deu certo. Ele conseguiu o número da conta de Brennan, número

PIN, endereço de e-mail AOL e os últimos quatro dígitos do número do cartão do banco dele. Liverman e seus colegas não pararam por aí. Eles ligaram para a AOL e disseram que a conta deles estava bloqueada. Qual foi a pergunta de segurança que eles precisavam responder? "Quais são os últimos quatro dígitos do cartão do banco?" Eles já tinham essa informação da Verizon, então conseguiram fazer a AOL redefinir a senha. Depois puderam ler os e-mails de Brennan, que tinham informações sigilosas enviadas de sua conta de trabalho. Eles viram os anexos com nomes e CPFs de alguns agentes secretos dos EUA, uma carta do Senado pedindo que a CIA parasse de usar táticas de interrogatório e outros materiais confidenciais. Capturas de tela de alguns desses materiais foram tuitados pelos hackers. Essa brecha embaraçosa é para mostrar que é muito fácil conseguir informações pessoais de alguém e você deve tomar sérias precauções.

Apague, Não Clique

Meu sócio decidiu fazer uns testes. Ele enviou um e-mail para 250 pessoas com o seguinte assunto:

ISTO É UM VÍRUS

Mas não ficou só nisso. O anexo enviado realmente era uma planilha do Excel intitulada, *com letras piscando*:

MACROVÍRUS

Você acha que isso seria suficiente para impedir as pessoas, mas não foi. Ele ficou chocado ao descobrir que não só elas tinham aberto o e-mail, como algumas abriram o arquivo identificado clara e literalmente com a palavra "MACROVÍRUS" piscando.

PHISHING E SPEAR PHISHING: O QUE VOCÊ PRECISA SABER

Todos nós recebemos e-mails suspeitos, e alguns são enviados por alguém que conhecemos, mas o assunto tem algo estranho ou apenas um link. É provável que, a essa altura, muitos de vocês tenham recebido o e-mail "Tenho um milhão de dólares, mas estou no exterior e preciso de sua ajuda". Existem muitas variedades desse golpe. Apague, não abra.

PHISHING VERSUS SPEAR PHISHING

Phishing é quando alguém tenta obter suas informações privadas ao enviar e-mails que parecem ser de fontes confiáveis: banco, governo federal ou empresa com a qual trabalhou. Algumas pessoas até criam um site falso que parece legítimo, esperando que você caia nessa. Assim que você responde à solicitação, eles pedem informações pessoais, como CPF, número da conta do banco ou senha. Então, suas informações serão usadas para cometer fraudes. Em geral, os esquemas de phishing são direcionados a um grande grupo de pessoas (por isso recebem o nome de "expedição de pesca", do inglês fishing expedition), pois o criminoso sabe que há chances de que alguém responda e lhe dê as informações desejadas.

Spear phishing é um ataque pessoal. Esse e-mail parecerá ter sido enviado por um site ou uma empresa com a qual está familiarizado e que você sabe que já tem algumas de suas informações pessoais. Requer mais trabalho e planejamento. Como esse ataque é adaptado para você, pode ser mais difícil de reconhecê-lo.

REGRAS BÁSICAS PARA EVITAR ATAQUES

SEJA CÉTICO: simplesmente não abra todo e-mail que recebe. Se algo parece estranho, não abra. Exclua o e-mail. E mais, não clique nos links enviados de contatos que parecem reais só porque conhece a empresa (como seu banco). E lembre-se: a Receita Federal nunca envia e-mails para ninguém.

Além disso, só porque o e-mail já tem suas informações pessoais, como número de telefone, endereço ou mesmo CPF, não significa que seja verdadeiro. Alguém pode ter pesquisado essas informações na tentativa de enganá-lo com mais facilidade.

COLOQUE O MOUSE NO LINK: se você passar o cursor sobre o link, a URL real será mostrada. É um modo simples de ver se um e-mail é legítimo. Se for diferente do que o e-mail informa, é falso. Também é verdade que muitos sites de phishing nem mesmo se importam em criar URLs que parecem reais, portanto a verdadeira URL pode nem lembrar a que está no link. Tenha o hábito de verificá-las antes de abrir um e-mail ou clicar nos links da mensagem.

NÃO FACILITE AS COISAS REGISTRANDO SUAS INFORMAÇÕES: ao comprar coisas online, sempre há uma opção para registrar suas informações e facilitar as próximas compras. Fazer isso é, de fato, facilitar a vida dos criminosos, caso o site seja hackeado. Pule essa etapa e utilize o *guest checkout* [compras para quem não tem login de acesso]. Um pouco mais de tempo gasto pode evitar muitos problemas em longo prazo.

COISAS QUE VOCÊ NUNCA DEVE FAZER SE QUER MANTER SUAS INFORMAÇÕES SEGURAS E PRIVADAS

- Nunca compartilhe uma conta de computador.
- Nunca use a mesma senha em mais de uma conta.
- Nunca revele sua conta para outra pessoa; isso inclui pessoas que afirmam ser do atendimento ao cliente ou da segurança.
- Nunca informe uma senha por telefone, e-mail ou mensagem instantânea.
- Nunca se afaste de um computador se você não fez logoff.
- Nunca tenha a mesma senha para aplicativos e sistemas operacionais.
- Nunca use uma senha sem letras, números e símbolos.

CAPÍTULO ONZE

ASSUMINDO O CONTROLE

O que Você Pode Fazer Agora para Ter uma Vida Segura e Sobreviver a Qualquer Coisa, desde Apagões até Crises Econômicas e Invasões de Domicílio

Você leu algumas histórias empolgantes de alguns dos agentes secretos mais treinados da área. As histórias compartilhadas neste livro demonstraram como as habilidades e o pensamento rápido dos espiões tiraram muitos deles de várias situações perigosas. Todas as táticas que acabou de ler não são apenas para agentes secretos em campo, mas para você também. A vida pode ser imprevisível. E, embora eu sempre espere que você não passe por desafios que acompanham um desastre natural, ato criminoso ou qualquer tipo de catástrofe, é preciso estar preparado. Também acho importante ser autossuficiente. Não é seguro se colocar em uma posição de dependência para ajudar a si mesmo ou seus entes queridos em caso de desastre. Embora eu não ache que devemos viver com medo, acreditando que o pior pode acontecer a qualquer momento, o fato é que existem passos específicos que você pode dar agora para ter paz de espírito ao viver com o máximo de segurança possível. Comprometo-me a encontrar novos modos de ajudar você e sua família a viverem mais protegidos, felizes e com vidas mais bem-sucedidas. Para tanto, compartilharei algumas habilidades adicionais que podem salvar vidas.

TÁTICA Nº 1: ÁGUA À DISPOSIÇÃO

Emergências Relacionadas à Água São Perigosas: Esteja Sempre Preparado

A sociedade pode entrar rápido em colapso sem água disponível. Infelizmente, tem havido muitos casos em que pessoas sofreram ou morreram sem necessidade porque não conseguiram acesso à água. O ISIS (Estado Islâmico do Iraque e da Síria) tem usado a água como uma arma nos últimos anos, com resultados devastadores. Para fazer valer seu domínio, eles cortaram o fornecimento de água para aldeias. Quando moradores de algumas delas tiveram que fugir, só voltando quando o local finalmente foi desocupado, precisaram partir de novo ao descobrirem que não havia mais abastecimento de água. Infelizmente as pessoas foram abandonadas sofrendo e morrendo de sede. Segundo o *Washington Post*, "Crianças e idosos estão morrendo em um calor acima de 38°C. Não há onde enterrá-las em um monte rochoso. O Governo do Iraque tentou fornecer água para elas, com pouco sucesso. Há crianças morrendo na montanha, nas estradas. Não há água nem vegetação e elas estão completamente isoladas e cercadas pelo Estado Islâmico. É um completo desastre".

Na Virgínia Ocidental, produtos tóxicos usados para processar carvão vazaram no Rio Elk, tornando perigoso o fornecimento de água, e muitos habitantes não estavam preparados. Escolas e empresas fecharam, a água engarrafada acabou rapidamente nas lojas e as pessoas esperavam em longas filas para conseguirem água com a Guarda Nacional. Uma mãe preocupada disse ao *Huffington Post*: "Estava alegre com a chegada do ano-novo e acabei ficando cheia de incerteza e medo pela saúde de nossa família. Ter receio de não manter as crianças seguras e saudáveis é um dos piores temores que já senti." Em Flint, Michigan, o problema do chumbo no fornecimento de água não foi resolvido imediatamente pelo governo estadual ou federal, e, como resultado, muitas crianças sofreram lesões no cérebro e no sistema nervoso. Crianças com envenenamento por chumbo têm deficiência mental e distúrbios de comportamento. Altos níveis de exposição podem resultar em convulsões, coma e até morte.

Controle Sua Própria Fonte de Água

Todos nós presumimos que, quando sentimos sede, podemos simplesmente abrir a torneira e encher um copo com água potável e fresca. Deixe-me informá-lo que não tem nada mais chocante e perigoso do que a interrupção no abastecimento de água devido a um desastre, contaminação ou outra emergência. No livro *Spy Secrets That Can Save Your Life* mencionei a importância do armazenamento de água (como lembrete, a quantidade recomendada de água é cerca de 3,5L por pessoa ao dia, o que se torna rapidamente um grande volume), uma vez que ela é essencial à sobrevivência. Então o que acontece se há uma emergência inesperada e a fonte de água fica comprometida? Você não quer brigar pelos últimos litros de água no Walmart, nem quer ficar preso no trânsito esperando que sobrará água para sua família quando chegar na Guarda Nacional. Embora o ideal seja ter alguns contêineres de água armazenados em casa para uma crise imediata, o que você faria se não houvesse uma solução à vista? O que faria se precisasse encontrar outra fonte de água limpa para sua família?

Tenha um Plano B de Emergência

Recomendo ter um plano B de emergência em relação à água. Se aprendemos algo com Flint, Michigan, Virgínia Ocidental ou com os furacões Katrina e Matthew, é que não podemos depender dos outros para nos fornecer água no caos. É essencial tomar medidas para se proteger.

Filtros de Água

Tenha um filtro de alta qualidade, de fácil utilização e pronto para usar: embora o armazenamento de água seja importante e você deva ter um estoque de um mês para sua família, um filtro permite coletar água praticamente em qualquer fonte natural. O filtro certo permite ter água para beber de qualquer lagoa, rio ou riacho, ou seja, um fornecimento ilimitado.

Identifique as Fontes Locais de Água a Curta Distância

No livro *Spy Secrets That Can Save Your Life*, expliquei sobre a importância de ter a HUMINT em sua própria comunicação, que é saber quais recursos estão disponíveis no caso de uma emergência. Observar fontes de água é parte do processo. Sempre saiba quais riachos, rios, lagos ou lagoas estão a curta distância para o caso de precisar pegar água. Ter um bom filtro não fará mal se sair à procura de uma fonte de água. Certifique que todos da família também conheçam os locais dessas fontes.

FERRAMENTA FAVORITA DO ESPIÃO: O MELHOR FILTRO DE ÁGUA QUE SE PODE COMPRAR

Meu trabalho me leva a lugares inesperados. Mas eu nunca poderia imaginar que entraria em um banheiro masculino do McDonald's para beber água direto de um vaso sanitário sem descarga e que sobreviveria para contar. Também bebi água direto de um lago sujo e de um cocho infestado de moscas onde vacas bebiam em um leilão de gado. O que pode ser mais surpreendente ainda é que essa água escura e suja ficou limpa e potável em uma questão de segundos (do contrário, eu teria ficado muito doente), e o filtro nem sequer entupiu. É óbvio que ter acesso a uma fonte de água limpa pode fazer a diferença entre a vida e a morte, e eu não recomendaria um filtro de água (ou arriscaria as vidas da minha esposa e filhos) sem saber que realmente funciona.

O filtro de água no qual confio é o SurvFilter (www.SurvFilter.com — conteúdo em inglês). Tenho esse filtro em cada bolsa de emergência, escritório, carro e kits de sobrevivência em casa. Ele usa nanotecnologia e é, sem dúvida, o mais avançado atualmente disponível. Ele pode ser colocado em um rio, lago, riacho etc., e fornece de imediato água limpa e segura para beber. Como também tem uma bomba, você pode usar o dispositivo para limpar um corte na mão ou encher uma garrafa.

TÁTICA Nº 2: EQUIPANDO-SE DE MODO FUNCIONAL

Protegendo Você e Seus Entes Queridos: Armas Improvisadas

Sempre que posso, carrego uma arma ou, se não é possível por lei, uma faca. Há vezes, sobretudo ao viajar, que não é possível levar nenhuma das duas. Ainda sou um grande fã da caneta tática sobre a qual escrevi no livro *Spy Secrets That Can Save Your Life*. Sempre carrego uma comigo. É possível causar sérios danos com ela e é fácil passar pela segurança. Conheço uma pessoa que conseguiu passar com essa caneta pela melhor segurança aérea que existe: a El Al, linha aérea de Israel. E, há bem pouco tempo, uma colega visitando a cidade de Nova York teve o mesmo êxito em um grande ponto turístico. Ela entrou sem problemas após uma mulher na frente ser parada por portar um objeto cortante. Também tive clientes que entraram com a caneta tática na Casa Branca. Há muitas opções de armas, e é importante ser treinado e conhecer o que é bom para você usar e se defender. Mas o que faria se, de repente, estivesse desarmado em uma situação grave? O que faria se alguém tentasse pegar seu filho na rua ou arrastasse você para uma van? Como sempre, recomendo ligar para a polícia ou gritar para pedir ajuda antes de tentar atos heroicos. Mas, se sua vida estiver realmente em risco e você precisar se defender, existem algumas armas improvisadas e fáceis que podem ajudá-lo a escapar vivo.

PRATIQUE A EVASÃO PARA SALVAR SUA VIDA

Nunca é demais reforçar a importância de primeiro tentar apaziguar uma situação antes de usar táticas de autodefesa. Todos os meus colegas diriam o mesmo, até com décadas de treinamento combinado usando de tudo, desde armas e facas até artes marciais. Nunca esquecemos que, mesmo sendo altamente treinados, podemos nos deparar com uma pessoa mais bem capacitada ou que está com muitos amigos. Quando seu "sexto sentido" fica em alerta e você sente que algo está para acontecer, tente evitar a situação e seguir por outro caminho. Evite dizer qualquer coisa para contrariar ainda mais o indivíduo. Nunca enfrente outra pessoa, a menos que seja o único modo de salvar sua vida.

Nunca enfrente outra pessoa, a menos que seja o único modo de salvar sua vida.

Qualquer Coisa Pode Ser uma Arma

Compartilharei algumas ideias fáceis para criar armas, mas é importante ter em mente que quase tudo pode servir a esse propósito. Em Raleigh, Carolina do Norte, um homem de 27 anos supostamente arrombou a porta do apartamento da ex-namorada. Então foi impedido quando recebeu um golpe na cabeça com um pedaço de madeira para lenha. Se você está no notebook em uma cafeteria quando ocorre um ataque, pode pegá-lo e bater na cara do agressor, causando traumatismo. Seu sapato pode funcionar como arma, assim como uma bolsa, garrafa de água ou lanterna; qualquer objeto rígido. Veja algumas ideias específicas sobre itens comuns que podem se transformar em armas perigosas:

MEIA: uma simples meia pode ser usada como uma arma incrivelmente poderosa. Basta preenchê-la com algo pesado. Pedras funcionam bem, bolas de golfe, de bilhar, moedas ou até cinzeiros de vidro. Quando colocar o(s) item(ns) na meia, dê um nó na extremidade aberta. Agora você tem um mangual pesado e, se rodá-lo, poderá ferir gravemente uma pessoa. Dica de profissional: se estiver viajando e quiser criar uma arma com uma meia, basta comprar uma lata de refrigerante comum e inserir nela (você também pode conseguir uma quando está no avião).

PROJÉTIL CORTANTE: uma caneta tática funciona bem como projétil. Uma ida à loja de ferramentas local ou de material de construção também oferece muitas opções. Por exemplo, estacas de barraca ou grandes pregos podem ser escondidos e usados contra um agressor.

CHAVES: substitua seu chaveiro por uma alça longa. Isso transforma suas chaves em um mangual. Você pode acertar alguém no rosto, distraindo a pessoa para ter chances de fugir em segurança. Também pode usar um chaveiro "punho de macaco" como o meu. É uma corda com uma pequena esfera de metal no meio que pode causar sérios danos se você acertar alguém.

PEDAÇO DE CORDA COM UMA PORCA DE METAL PRESA NA PONTA: é uma combinação surpreendente e poderosa, podendo ser usada ao redor do pescoço para ter fácil acesso. Basta girar a corda e a porca de metal, e com certeza machucará alguém. Demonstramos como essa arma funciona em minhas aulas na Spy Escape & Evasion, e as pessoas sempre ficam surpresas ao verem como é fácil abrir um coco com a porca. A espessura de um coco se compara a de um crânio humano, o que dá uma boa ideia dos danos que se pode causar com essa arma.

BONÉ DE BEISEBOL COM PESOS: você pode costurar duas esferas de metal na parte de trás do boné. Se for atacado, basta tirá-lo e bater no agressor.

Seja qual for a arma usada, lembre-se de que o melhor sempre é usá-la para criar uma oportunidade de escapar em segurança.

FERRAMENTA FAVORITA DO ESPIÃO: UMA FACA RESISTENTE E LEVE

Existe uma ideia de que os espiões portam uma arma carregada o tempo todo. Isso nem sempre é verdade. Eles viajam para o exterior com frequência, em geral para países onde não é possível andar armado. Uma faca é a segunda melhor opção como arma. Há também uma vantagem prática nela. A intenção de uma arma é obviamente impedir que alguém o ameace. Certamente uma faca pode proporcionar proteção, mas também pode ser útil em uma situação de sobrevivência. Ela pode ser usada para cavar, cortar uma corda ou pequenos galhos com o intuito de fazer uma fogueira ou um abrigo. Se você sofrer um acidente de carro, a faca pode ser usada com o objetivo de quebrar as janelas para sair.

Passei anos em busca da faca perfeita, mas não encontrei. Minha favorita é chamada NOC [*non-official cover*], em homenagem aos agentes clandestinos e de elite. Ela é feita de um aço afiado e único, funciona como um dispositivo devastador para quebrar vidros e é leve (feita do mesmo material usado no setor aeroespacial e nos carros de Fórmula 1). É projetada para ser quase imbatível ao cortar, rasgar e fazer um trabalho preciso. É realmente tudo que eu procurava em uma faca e é a melhor ferramenta para qualquer pessoa autossuficiente que deseja estar preparada. Para ver a faca NOC em ação (inclusive quebrando uma janela de carro), acesse www.NOCknife.com [conteúdo em inglês].

MICROFERRAMENTA DE ESPIÃO

Esta ferramenta se tornou a favorita das pessoas que fizeram minhas aulas, sobretudo aquelas que querem um modo de se proteger sem portar uma arma. A microferramenta de espião é um instrumento de autodefesa discreto e mortal. É pequena, fácil de esconder e incrivelmente afiada. Pode ser levada a vários locais, e eu viajei de avião com ela muitas vezes. Seu formato permite golpear, cortar, ferir e perfurar um agressor. A questão é que essa ferramenta pode abrir facilmente uma artéria principal.

COMO CRIAR UM QUARTO DO PÂNICO SEM GASTAR MUITO

Ninguém gosta de pensar em como seria ter a casa invadida: o terror ao acordar no meio da noite e saber que alguém entrou na sua casa, colocando você e sua família em perigo. Ou talvez enquanto está assistindo a um filme à noite com sua família alguém arromba a porta da frente. Não é agradável pensar nisso e infelizmente muitos passaram por essa situação.

Há muitas pessoas por aí que, por centenas de milhares de dólares ou mais, teriam satisfação em construir um quarto do pânico de última geração com paredes reforçadas; e, se você tiver mais para gastar, ele pode chegar facilmente a sete dígitos. Indivíduos com grande patrimônio instalaram "núcleos seguros" à prova de balas em suas casas. Alguns bilionários podem construir uma casa com um quarto do pânico no projeto original. Outros contratam especialistas para acrescentarem um desses locais seguros com móveis confortáveis, geladeira e até uma pequena cozinha completa, sistema de filtragem de ar e equipamentos de comunicação. A maioria de nós não pode gastar tanto dinheiro. Por sorte, é possível dar à sua família os benefícios de um quarto do pânico sem ir à falência. A verdade é que você pode usar pouco dinheiro para criar algo que funcionará tão bem quanto. Um quarto do pânico não se trata apenas de ter um abrigo para onde escapar em uma emergência, mas também de ter um lugar predefinido estocado com suprimentos para reunir sua família, caso vocês sejam atacados. Veja como pode ser feito.

Escolha o Cômodo Certo

Escolher o cômodo certo é essencial e há algumas coisas que você deve pensar ao decidir onde será seu quarto do pânico.

O ambiente seguro precisa estar localizado no lugar que pertence ao membro mais frágil da família. Obviamente, seu bebê de seis meses não pode fugir do quarto e correr para o quarto do pânico. Você também não quer que a vovó tenha que subir as escadas apressadamente até o local. Se tem filhos, escolha o quarto deles (ou o do mais novo) como o cômodo seguro. Se não tem filhos que moram com você, escolha um cômodo no interior da casa. Se houver um sem janelas, ele seria uma excelente opção.

Reforce a Porta

A maioria das portas hoje é oca e fina, o que não proporciona quase nenhuma proteção. Se possível, substitua-as por madeira sólida ou aço, que seria muito mais difícil de arrombar. Se quiser melhorar o nível, considere substituir o batente de madeira por um de aço mais resistente. Isso dificultará muito que alguém chute e derrube a porta. Certifique-se de colocar uma tranca de alta qualidade para manter longe um invasor. É óbvio que, se você estiver usando o quarto de um filho como o local seguro, terá que tomar todas as precauções necessárias para garantir que eles não se tranquem lá dentro (ou pior, que tranquem você).

Mantenha o Lugar Estocado

A ideia aqui é ter um lugar onde a família inteira possa se esconder durante a invasão. Mas é possível acabar tendo outro tipo de emergência que exigiria ficar no quarto do pânico por um período de tempo maior, como em um motim, furacão ou outro desastre natural, ou um grande ataque terrorista. Mantenha o cômodo seguro estocado com os seguintes itens essenciais:

- Celular.
- Carregador de celular.
- Lanternas.
- Pilhas.
- Kit de primeiros socorros, remédios (inclusive qualquer prescrição que sua família precise, assim como analgésicos e antibióticos).
- Comida.
- Água.
- Outras armas (use qualquer arma boa para você. Se tiver porte de arma e optar por mantê-la no cômodo de outra pessoa, sempre a guarde em um cofre).

Inclua uma Barreira

Se possível, é ideal ter um móvel grande e pesado no seu quarto do pânico. A finalidade é ter algo de que você e sua família possam ficar atrás no caso de tiros serem disparados. Você também pode ficar atrás dele se precisar atirar.

COLOQUE SEU PLANO EM PRÁTICA E EXECUTE-O EM SETE SEGUNDOS

Seu quarto do pânico não será útil se você não tiver um plano para todos entrarem nele. No livro *Spy Secrets That Can Save Your Life,* expliquei sobre como um estrondo no meio da noite (que por sorte foi apenas algo que caiu no closet) foi uma excelente oportunidade para eu constatar que meu plano de emergência funcionava. Se você cria um quarto do pânico, mas não discute com sua família o que todos devem fazer em uma emergência, acredite, será um caos caso seja necessário usá-lo. Converse com sua família sobre o que você gostaria que todos fizessem se houver uma invasão ou se o alarme de segurança disparar. Diga às crianças o que fazer e para onde ir. Discuta sobre quem pegará a arma (no meu plano, eu pego a arma; mantenho-a em um cofre de acesso rápido no meu criado-mudo) e quem ligará para pedir ajuda. Pratique seu plano de segurança até que todos entendam seu papel e possam entrar no quarto do pânico em sete segundos.

TÁTICA Nº 3: COMO FICAR SEGURO NA ERA DE COMPRAS PELA INTERNET

As pessoas estão mais ocupadas do que nunca, e é inegável que as compras pela internet facilitam muito a vida. Você pode ter quase tudo entregue em praticamente qualquer lugar, desde alimentos até roupas, coldres [nos EUA] e comida para seu animal de estimação. É normal comprar online, mas infelizmente ter pessoas entregando itens em sua casa é uma ameaça que a maioria não considera.

Quando o Perigo Bate à Porta

Lawrence Berry estava em sua casa em Houston com a esposa e suas duas filhas quando ouviu alguém batendo à porta. As festas de fim de ano se aproximavam, então, quando ele olhou pelo olho mágico e viu um motorista da UPS [empresa de entregas] (a pessoa usava roupas marrons), não hesitou em abrir a porta quando o homem disse que precisava de sua assinatura. O Sr. Berry abriu e o "entregador" de repente apontou uma arma para ele. O homem forçou a entrada e três outros caras armados apareceram, seguindo-o rápido. O Sr. Berry tentou pegar a arma e lutar com um dos homens. A arma disparou e acertou a parede; por sorte ninguém foi atingido. A esposa e as duas filhas conseguiram se esconder no closet. O marido foi agredido e atingido por uma arma de choque várias vezes. Os ladrões fugiram com joias e armas de fogo. Embora tenha sido um sofrimento terrível para o Sr. Berry e sua família, o desfecho poderia ter sido muitíssimo pior. É fácil ver um uniforme e pensar que a pessoa é de uma empresa. Na verdade, um colega meu já precisou entrar em um prédio para uma operação, então usou roupas marrons e a recepcionista automaticamente pressupôs que ele trabalhava na UPS. Ele entrou sem ser questionado. Também seria bem fácil se passar por um cara da FedEx; lembre-se que ajudantes extras no feriado podem não estar uniformizados. A Amazon contrata entregadores para levar os itens. Esses indivíduos dirigem seus próprios carros, são funcionários contratados e pode ser difícil identificá-los. Não estou dizendo para abrir mão de ter produtos e presentes entregues, mas é importante estar atento e prestar atenção a qualquer pessoa que se aproxima de sua casa. Felizmente há algumas medidas fáceis que você pode tomar para garantir sua segurança.

Olhe Além do Uniforme

O uniforme é apenas parte do cenário e não é suficiente para assegurar que alguém, de fato, é um entregador. Procure outros sinais indicando que a pessoa é quem diz ser. Por exemplo, procure o caminhão e o computador de mão. Não adianta abrir a porta e pedir a identificação se a intenção da pessoa é machucá-lo. Peça que mostre a identificação *antes* de abrir a porta.

Não Receba Pacotes que Precisem de Assinatura

Peça que qualquer entrega seja deixada na varanda (ou onde deseja) e exija que seja sem assinatura. Não peça itens que requeiram assinatura na entrega.

Peça para Entregar os Itens em Outro Lugar

Já disse isso antes: não peço para entregarem nada em minha casa, nem pizza. É claro que entendo a necessidade da entrega de certos itens. Mas serviços como UPS ou Federal Express têm opções para pegar os itens em uma de suas lojas.

Use a Tecnologia para Rastrear

Transportadoras e muitos varejistas oferecem opções para rastrear pacotes, com atualizações frequentes e precisas. É possível rastrear sua entrega online ou por telefone, conferindo a hora e a data precisas que o pacote chegará.

CUIDADO COM O QUE COLOCA NO LIXO OU NA RECICLAGEM

Você acabou de comprar uma nova TV de plasma com tela ampla ou comprou um novo computador para as crianças. Você verifica com atenção as trancas em todas as janelas e portas à noite, sempre usando alarme. Então não precisa se preocupar, certo? Errado. Embora sempre deva praticar boas medidas de segurança, não chame muita atenção para sua casa ao basicamente anunciar para os criminosos que adquiriu itens novinhos e valiosos. Os ladrões sabem que a maioria das pessoas joga as caixas no lixo, o que é praticamente sinalizar que você tem algo novo para roubar. Quando trabalhar muito e comprar um item novo e caro, corte a caixa em pedaços para ela não ser reconhecida pelos criminosos.

ENCONTROS DE ESPIÕES: COLOQUE EM PRÁTICA SUAS MEDIDAS DE SEGURANÇA AONDE FOR, MESMO QUE SEJA NO PARAÍSO

Recomendo fazer questão de praticar suas medidas de segurança aonde for. Não se tranquilize com uma sensação de paz porque está de férias ou visitando a cidade onde cresceu. Há pouco tempo tirei férias maravilhosas com minha família no Havaí. Esse descanso no paraíso poderia ter se tornado um pesadelo se eu não tivesse praticado minha rotina de segurança diária quando longe de casa. A praia era linda e nossa estadia, adorável. O tempo estava perfeito e a brisa marítima entrava direto na casa. Enquanto minha esposa colocava as crianças na cama, percorri o local para fechar e trancar todas as janelas. Eu não queria correr o risco de ter nossas coisas roubadas ou, Deus me livre, que alguém sequestrasse uma das crianças. Notei que uma das trancas estava quebrada. Não gostei e preparei uma "armadilha"; caso alguém tentasse entrar pela janela, acabaria fazendo muito barulho e acordando a casa inteira. Na manhã seguinte meu cunhado chegou e disse: "Você ficou sabendo o que aconteceu?" A casa ao lado foi invadida durante a noite. Os ladrões entraram por uma janela destrancada e roubaram todos os objetos de valor enquanto as pessoas dormiam. Naquele momento fiquei feliz por ter verificado nossas janelas e ter preparado a armadilha, deixando nossa casa menos atraente para os ladrões.

COMO SEMPRE, FIQUE SEGURO EM CASA E AONDE FOR

Desejo que, após ler este livro, você se sinta inspirado a pensar sobre quais ações pode tomar *agora*, não depois, amanhã nem no próximo mês, para manter você e sua família mais seguros. Não quero seja pego de surpresa ou passe por uma situação para a qual não se preparou. Portanto, espero que, como meus colegas da CIA ainda em campo, você faça questão de praticar essas táticas até que se tornem instintivas. Lembre-se de que situações perigosas podem acontecer em qualquer lugar, a qualquer hora, então esteja atento em casa, no trabalho, na igreja, na escola e durante uma viagem. Simplificando, a vida está repleta de muitas coisas maravilhosas e estar preparado lhe dá paz de espírito para aproveitá-la, sabendo que pode lidar com o mundo imprevisível onde vivemos.

GLOSSÁRIO DE TERMOS DE ESPIONAGEM

Abrigo: um local, geralmente predeterminado por um agente, onde ele pode se esconder em segurança até a ameaça percebida passar.

Agente recrutado: um indivíduo (normalmente de um país estrangeiro) visado pelos EUA, recrutado e treinado na arte da espionagem para poder fornecer os segredos de seu país ao Governo dos EUA.

Ativo: uma fonte secreta ou método. Quando alguém se refere a um ativo, em geral está se referindo a um agente.

Brush pass: quando agentes trocam um item, geralmente se "cruzando" em um local público.

Agente: uma pessoa empregada por uma agência de inteligência norte-americana cujo trabalho é identificar indivíduos (geralmente de países estrangeiros), recrutá-los, ensiná-los espionagem e trabalhar com eles enquanto fornecem informações secretas em prol do Governo dos EUA.

Chefe da divisão: o agente que administra a divisão da CIA em um país estrangeiro.

Comprometido: quando não é mais possível para um agente permanecer em segredo, ou um ativo ou agente continuar usando seu disfarce.

Contrainteligência: o trabalho de continuar vigiando e dificultando o trabalho das agências de espionagem estrangeiras.

Credenciais: a prova apresentada por alguém para mostrar que ele é quem diz ser.

Criptografia: apelido usado por um agente ou um recruta.

Disfarce: a identidade que um agente assume durante uma operação.

Dispositivo de disfarce: um pequeno item com compartimento secreto usado para guardar informações que precisam ser transferidas entre os agentes.

Esconderijo: qualquer casa, quarto de hotel ou apartamento considerado "seguro" pelos agentes secretos. Pode ser usado para encontros clandestinos ou hospedar agentes durante uma operação.

HUMINT: informações coletadas de fontes humanas.

Narcoterrorista: um traficante de drogas ou rei das drogas conhecido por usar de terrível violência contra aqueles que trabalham para ele.

Operação clandestina: operação realizada em segredo e cumprida com rigor.

Operação secreta: realizada por um governo contra um Estado estrangeiro. Essas operações são planejadas e realizadas de modo que qualquer participação do governo que as perpetra será negada.

Ponto de disfarce: um local que um agente entra ao executar uma rota de detecção de vigilância (RDV), como uma loja ou restaurante, para dar a impressão às pessoas que o seguem de que ele está agindo normalmente.

Ponto de entrega: um local onde um dispositivo de disfarce é deixado por um agente para que outro o recupere.

Ponto de invasão: local que um agente, acreditando estar sob vigilância, pode entrar para fazer uma pessoa segui-lo até lá.

Queimado: quando a verdadeira identidade de um agente fica comprometida.

Rota de detecção de vigilância (RDV): uma rota que pode ser curta, levar horas ou dias, realizada por um agente para ter certeza de que não está sob vigilância.

Sinal: um método de comunicação secreta usado entre agentes, em geral para indicar que uma reunião planejada anteriormente deve ou não ocorrer.

Viajante legalizado: pessoa que pode ter cidadania ou direitos legais para residir em um país, tendo passaporte ou visto que a permite viajar com facilidade para outros países.

REFERÊNCIAS

Banjo, Shelly. "Home Depot Hackers Exposed 53 Million Email Addresses". *Wall Street Journal*, 6 de novembro de 2014.

Bernstein, Lenny. "What It's Like to Die of Thirst". Washingtonpost.com, 7 de agosto de 2014.

Bertrand, Natasha. "Here's What Happened to Your Target Data That Was Hacked". *Business Insider*, 20 de outubro de 2014.

Brennan, Morgan. "Billionaire Bunkers: Beyond the Panic Room, Home Security Goes SciFi". *Forbes*, 12 de dezembro de 2013.

Burkett, Randy. "An Alternative Framework for Agent Recruitment: From MICE to RASCLS". *Studies in Intelligence*, 57, nº 1 (2013): 7–17. "CONTACT 13: Thieves Dress up as UPS Workers". KTNV, 4 de dezembro de 2016.

Crimesider Staff. "Cops: Slain Realtor Was to Show Home to Murder Suspect". *CBS News*, 30 de setembro de 2014.

Crimesider Staff. "Police: Babysitter's Abuse of Child Caught on 'Nanny Cam'". *CBS News*, 1º de janeiro de 2016.

Cunningham, Erin. "In Their Latest Outrage, Islamic State Fighters Are Using Water as a Weapon in Iraq". *Washington Post*, 7 de outubro de 2014.

Ford, Dana. "Risky Business: Real Estate Agent's Killing Hits Home for Realtors". CNN, 1º de outubro de 2014.

Gabriel, Trip. "Thousands Without Water After Spill in West Virginia". Nytimes.com, 10 de janeiro de 2014.

Gerken, James. "On the Anniversary of the Elk River Chemical Spill, West Virginians Tell Their Stories". TheHuffingtonPost.com, 9 de janeiro de 2015.

Giordono, Joseph. "New Army Program Aims to Put Soldiers on Higher Alert for IEDs". *Stars and Stripes*, n.p., 25 de maio de 2005.

Hammond, Jeffrey e Leonard Cole. "Epidemiology of Terrorism Injuries". In Shmuel Shapira, *Essentials of Terror Medicine*. Nova York: Springer Science & Business Media, 2008, p. 157.

"Home Health Aide Caught on Camera Abusing 78 Year Old Stroke Victim". *NBC New York*, 30 de dezembro de 2016.

"Husband of California Mom Kidnapped While Jogging Reveals Details of Her Ordeal". *Fox News*, 29 de novembro de 2016.

Marcus, Lillet. "9/11 'Hero Dog' Saved Woman Trapped in Rubble for 27 Hours". TODAY.com, 13 de setembro de 2013.

Meltzer, Matt. "7 Countries Where You're Most Likely to Get Kidnapped". *Thrillist*, n.p., 23 de novembro de 2016. Web. 1º de dezembro de 2016.

Musumeci, Natalie. "How This Home Intruder Got What He Deserved". *New York Post*, n.p., 28 de dezembro de 2016.

"Nanny Cam Caught Alleged Abuse by California Babysitter". ABC11, 4 de março de 2016.

Prideaux, Eric. "Shades of Sunakku". *Japan Times RSS*, n.p., 14 de fevereiro de 2004.

Shontell, Alyson. "Miss Teen USA Was 'In Tears and Shock' After a Hacker Took Nude Photos Through Her Bedroom Webcam". *Business Insider*, 23 de maio de 2014.

Wagner, Meg. "Kidnapped Calif. Mom Sherri Papini Still Chained When Found". *NY Daily News*, n.p., 1º de dezembro de 2016.

Williams, David K. "What a Fighter Pilot Knows About Business: The OODA Loop". *Forbes*, 9 de fevereiro de 2013.

Workman, Karen, Eli Rosenberg e Christopher Mele. "Chelsea Bombing: What We Know and Don't Know". *New York Times*, 20 de setembro de 2016.

Zetter, Kim. "Teen Who Hacked CIA Director's Email Tells How He Did It". *Wired*, 19 de outubro de 2015.

Zetter, Kim. "Tools of Tradecraft: The CIA's Historic Spy Kit". *Wired*, 2 de novembro de 2011.

Este livro foi impresso nas oficinas gráficas da Editora Vozes Ltda.,
Rua Frei Luís, 100 – Petrópolis, RJ.